교육한자교본

도서출판 그린

한자의 중요한 필순 규정

먼저쓰기 규정(적색의 획이 먼저 쓰는 획)			
① 윗 획부터 쓴다.	二	三	彡
② 왼쪽 획부터 쓴다.	刂	川	灬
③ 삐침과 파임은 삐침부터 쓴다	人	入	乂
④ 대칭형은 가운데 획부터 쓴다.	小	水	山
⑤ 겉 획부터 쓴다.	向	冏	問
⑥ 홀자로도 쓰일 수 있는 받침은 먼저 쓴다.	匙	起	麵

나중쓰기 규정(청색의 획이 나중 쓰는 획)			
① 겉획이 폐쇄되면 맨 아래 획은 나중에 쓴다.	回	國	面
② 관통하는 획은 맨 나중에 쓴다.	中	甲	母
③ 서로 관통하면 세로획을 맨 나중에 쓴다.	十	半	事
④ 세로획을 가로막는 획은 맨 나중에 쓴다.	王	主	生
⑤ 오른 위에만 있는 점은 맨 나중에 쓴다.	犬	式	求
⑥ 홀자로 쓰일 수 없는 받침은 나중에 쓴다.	延	建	進

한자 쓰기

한자	부수·획수	훈음	필순
家	宀 7	집 가	宀 宇 家 家
庭	广 7	뜰 정	广 庄 庭 庭
佳	人 6	좋을 가	亻 仕 佳 佳
作	人 5	지을 작	亻 作 作 作
街	行 6	거리 가	彳 往 徍 街
路	足 6	길 로	足 足 路 路
歌	欠 10	노래 가	可 可 哥 歌
舞	舛 8	춤출 무	二 無 舞 舞
加	力 3	더할 가	丁 力 加 加
工	工 0	장인 공	一 丅 工

사자성어

▶ 格物致知(격물치지) : 사물의 이치를 규명하여 지식을 확고히 함.

▶ 敎學相長(교학상장) : 가르침과 배움 모두 나의 학문을 증진시킴.

단어정리

家庭 : 집의 울안

佳作 : 잘된 작품

街路 : 시가지의 도로

歌舞 : 노래와 춤

加工 : 원자재나 반제품에 손을 더 대어 새로운 제품을 만드는 일

한자	부수/획수	훈음 / 필순
價	人 13	값 가 / 亻 伒 價 價
値	人 8	값 치 / 亻 仁 值 値
假	人 9	빌 가 / 亻 们 作 假
借	人 8	빌 차 / 亻 仁 供 借
架	木 5	시렁 가 / ㄱ カ 加 架
空	穴 3	하늘 공 / 宀 穴 空 空
各	口 3	각각 각 / ノ ク 夂 各
自	自 0	몸소 자 / ′ 亣 自 自
脚	月 7	다리 각 / 月 脚 脚 脚
本	木 1	밑 본 / 一 十 木 本

사자성어

▶ 多岐亡羊(다기망양) : 여러 갈래 길 때문에 양을 잃어버렸다는 뜻으로 학문의 길도 여러 갈래로 나뉘어져 있어 진리를 찾기 어렵다는 뜻임.

단어정리

價値: 값, 값어치

假借: 남의 물건을 빌림

架空: 사실이 아님

各自: 저마다 따로따로

脚本: 연극의 무대장치 및 배우의 대사 등을 적은 글

한자	부수·획수	훈음	필순
閣	門 6	층집 각	𠃍 門 閣 閣
僚	人 12	벼슬아치 료	亻 𠆢 𠆢 僚
覺	見 13	깨달을 각	𦥑 𦥑 𦥯 覺
醒	酉 9	깰 성	酉 酉 酉 醒
刻	刀 6	각박할 각	亠 亥 刻 刻
薄	艸 13	얇을 박	艹 艹 薄 薄
干	干 0	방패 간	一 二 干
涉	水 7	관계할 섭	氵 氵 氵 涉
間	門 4	사이 간	𠃍 門 門 間
隔	阜 10	뜰 격	阝 阝 阝 隔

사자성어

▶ 斷機之戒(단기지계) : 베를 끊어서 훈계한다는 뜻으로, 학업을 중도에 그만두면 짜던 베처럼 아무런 쓸모가 없다는 말.

단어정리

閣僚: 내각을 조직하는 장관들

覺醒: 정신적 방황에서 자기의 갈 바를 깨달음

刻薄: 모질고 박정함

干涉: 남의 일에 뛰어들어 참견함

間隔: 두 물건의 떨어진 사이의 거리

한자	부수·획수	훈	음	필순
看	目 4	볼	간	一 手 看 看
護	言 14	도울	호	言 言艹 護 護
肝	月 3	간	간	丿 月 肝 肝
膽	月 13	쓸개	담	月 膽 膽 膽
簡	竹 12	문서	간	竹 簡 簡 簡
略	田 6	대강	략	田 畋 略 略
奸	女 6	간사할	간	𡿨 女 奸 奸
計	言 2	꽤할	계	竹 竺 笫 策
懇	心 13	정성	간	豸 豸 貇 懇
請	言 8	청할	청	言 言 請 請

사자성어

▶ 朝聞夕死(조문석사) : 아침에 진리를 들으면 저녁에 죽어도 좋다는 뜻으로 진리추구에 대하여 절실함을 나타냄.

단어정리

看護: 환자나 노약자를 보살핌
肝膽: 간과 쓸개, 속마음
簡略: 단출하고 복잡하지 아니함
奸計: 간사한 꽤
懇請: 간곡히 바람

한자	부수 / 획수	훈음	필순
渴	氵 9	목마를 갈	氵 氵曰 渇 渴
症	疒 5	증세 증	广 疒 疔 症
減	氵 9	덜 감	氵 氵 氵厂 減
少	小 1	적을 소	亅 小 小 少
感	心 9	느낄 감	厂 后 咸 感
動	力 9	움직일 동	二 重 動 動
敢	攴 8	감히 감	工 干 頁 敢
行	行 0	다닐 행	ノ 彳 行 行
監	皿 9	볼 감	干 臣 監 監
視	見 5	볼 시	一 亍 示 視

사자성어

▶ 發憤忘食(발분망식) : 학문이나 일에 지나치게 몰두하여 밥 먹는 것조차 잊음.

▶ 不恥下問(불치하문) : 어떤 지위나 학식이 자기보다 못한 사람에게 묻는 것을 부끄럽게 생각하지 않음.

단어정리

渴症: 목마름

減少: 줄어서 적어짐

感動: 깊이 느끼어 마음이 움직임

敢行: 과감히 실행함

監視: 경계하며 지켜봄

한자	부수·획수	훈음 / 필순
鑑	金 14	거울 감 釒 鉀 鑑 鑑
定	宀 5	정할 정 宀 宀 宀 定
降	阝 6	내릴 강 阝 阝 陊 降
雨	雨 0	비 우 冂 帀 雨 雨
講	言 10	강의 강 言 講 講 講
義	羊 7	옳을 의 丷 羊 義 義
强	弓 8	강할 강 弓 弘 弜 强
直	目 3	곧을 직 十 冇 直 直
剛	刀 8	굳셀 강 冂 冂 岡 剛
健	人 9	건강할 건 亻 亻 律 健

사자성어

- ▶ 手不釋卷(수불석권) : 손에서 책을 놓지 않는다는 뜻으로, 늘 학업에 정진함을 말함.
- ▶ 溫故知新(온고지신) : 옛것을 충실히 익히고 그것으로 미루어 새로운 것을 이해함.

단어정리

鑑定: 사물의 선악, 우열 등을 분별하여 작정함

降雨: 비가 내림

講義: 학술, 기술 따위를 설명하여 가르침

强直: 마음이 굳세고 정직함

剛健: 마음이 곧고 뜻이 건전함

한자	부수/획수	훈음	필순
鋼	金 8	강철 강	釒 釦 鋼 鋼
鐵	金 13	쇠 철	釒 鉒 鐟 鐵
個	亻 8	낱 개	亻 們 倜 個
體	骨 13	몸 체	凡 骨 骬 體
開	門 4	열 개	冂 門 門 開
拓	手 5	넓힐 척	扌 扌 扩 拓
介	人 2	끼일 개	丿 人 介 介
入	入 0	들 입	丿 入
槪	木 11	대개 개	木 柞 榧 槪
念	心 4	생각 념	人 亼 今 念

사자성어

▶ 日就月將(일취월장) : 날마다 성취하고 달마다 발전한다는 뜻임.

▶ 自强不息(자강불식) : 스스로 노력하고 일하며 쉬지 아니함.

단어정리

鋼鐵: 무쇠를 열처리하여 강도와 인성을 높인 쇠

個體: 독립하여 존재하는 낱낱의 물체

開拓: 거친 땅을 일구어 논밭을 만듦

介入: 어떤 일에 끼어들어 관계함

槪念: 어떤 사물 현상에 대한 일반적인 지식

한자	부수·획수	훈	음	필순							
客	宀 6	손	객	宀 岁 安 客							
舍	舌 2	집	사	𠆢 亼 仝 舍							
更	曰 3	다시	갱	一 亘 更 更							
生	生 0	날	생	丿 𠂉 牛 生							
巨	工 2	클	거	厂 𠂆 巨 巨							
人	人 0	사람	인	丿 人							
居	尸 5	있을	거	一 尸 居 居							
處	虍 5	곳	처	广 虍 虗 處							
車	車 0	수레	거	一 亘 亘 車							
馬	馬 0	말	마	厂 甲 馬 馬							

사자성어

▶ 切磋琢磨(절차탁마) : 옥돌을 자르고 다듬고 쪼고 간다는 의미로 학문이나 덕행을 힘써 닦는다는 뜻임.

▶ 知行一致(지행일치) : 지식과 행동이 한결같음.

단어정리

客舍: 객지의 숙소

更生: 다시 소생함

巨人: 보통사람보다 몸이 유난히 큰 사람

居處: 사는 곳

車馬: 수레와 말, 탈 것

한자	부수/획수	훈·음	필순
距	足 5	떨어질 거	口 𧾷 跙 距
離	隹 11	떠날 리	㓁 离 离 離
建	廴 6	세울 건	ㅋ 𦘒 聿 建
國	口 8	나라 국	冂 回 國 國
乾	乙 10	마를 건	十 卓 𠦝 乾
燥	火 13	마를 조	火 炉 焻 燥
健	人 9	굳셀 건	亻 侓 健 健
康	广 8	편안할 강	广 户 庚 康
乞	乙 2	빌 걸	丿 𠂉 乞
食	食 0	먹을 식	人 今 食 食

사자성어

▶ 晝耕夜讀(주경야독) : 낮에는 밭을 갈고 밤에는 글을 읽는 다는 뜻으로 매우 어려운 환경에서 학문에 정진함을 말함.

단어정리

距離: 두 점사이의 간격의 길이
建國: 새로 나라를 세움
乾燥: 물기가 없음
健康: 몸이 튼튼하고 병이 없음
乞食: 빌어서 얻어먹음

한자	부수 / 획수	훈 · 음 / 필순
儉	人 13	검소할 **검**
		亻 仒 倫 儉
素	糸 4	흴 **소**
		丰 圭 素 素
劍	刀 13	칼 **검**
		亼 侖 僉 劍
道	辶 9	길 **도**
		丷 䒑 首 道
檢	木 13	검사할 **검**
		木 松 棆 檢
查	木 5	조사할 **사**
		木 杏 杳 查
格	木 6	격식 **격**
		木 杉 柊 格
調	言 8	고를 **조**
		言 訂 詷 調
堅	土 8	굳을 **견**
		𦣝 臣 臤 堅
固	口 5	굳을 **고**
		冂 円 固 固

사자성어

▶ 初志一貫(초지일관) : 처음에 세운 뜻을 한결같이 밀고 나감.

▶ 螢雪之功(형설지공) : 어려움을 이겨내고 꾸준히 학문에 정진하여 얻은 보람을 말함.

단어정리

儉素: 사치하지 않고 소박함

劍道: 검술을 닦는 무예의 한 부문

檢查: 사실을 조사해 진위를 가림

格調: 사물 그 자체에 걸맞은 전체의 구성

堅固: 굳세고 단단함

한자	부수	획수	훈	음	필순
牽	牛	7	당길	견	亠 玄 𤘌 牽
引	弓	1	당길	인	乛 コ 弓 引
決	氵	4	결정할	결	氵 氵 沪 決
心	心	0	마음	심	㇒ 心 心 心
結	糸	6	맺을	결	幺 糸 紶 結
緣	糸	9	인연	연	糸 紣 緣 緣
缺	缶	4	모자랄	결	午 缶 缶 缺
席	巾	7	자리	석	亠 广 庐 席
兼	八	8	겸할	겸	亼 兼 兼 兼
任	人	4	맡길	임	亻 仁 仟 任

사자성어

▶ 家貧親老(가빈친로) : 집이 가난하고 어버이가 늙었을 때는 하찮은 벼슬자리라도 얻어서 어버이를 봉양해야 한다는 말.

단어정리

牽引: 끌어 당김
決心: 마음을 굳게 작정함
結緣: 인연을 맺음
缺席: 출석하지 않음
兼任: 두 가지 이상의 직무를 겸하여 맡아봄

한자	부수·획수	훈음	필순
謙	言 10	겸손할 겸	訁 訁 謙 謙
遜	辶 10	겸손할 손	孑 孫 孫 遜
京	亠 6	서울 경	亠 亡 亨 京
城	土 6	재 성	圵 圻 坂 城
景	日 8	경치 경	日 旦 昌 景
物	牛 4	만물 물	牜 牛 牜 物
輕	車 7	가벼울 경	車 軒 輕 輕
視	見 5	볼 시	一 亍 礻 視
經	糸 7	책 경	糸 紅 經 經
書	日 6	글 서	彐 聿 書 書
사자성어	▶ 犬馬之勞(견마지로) : 개나 말이 주인에게 충성을 다하는 것처럼 군주 또는 남을 위하여 마음과 정성을 다 바친다는 겸양의 말.		

단어정리

謙遜: 남을 높이고 자기를 낮추는 태도
京城: 도읍의 성, 서울
景物: 철을 따라 달라지는 자연의 경치
輕視: 가볍게 봄, 업신여김
經書: 사서오경 따위 유교의 가르침을 적은 서적

한자	부수·획수	훈음	필순
耕	耒 4	밭갈 경	一 耒 耒二 耕
地	土 3	땅 지	十 土 圠 地
敬	攴 9	공경 경	艹 芍 苟 敬
老	老 0	늙을 로	土 耂 耂 老
驚	馬 13	놀랄 경	艹 苟 敬 驚
異	田 6	다를 이	田 畀 異 異
慶	心 11	경사 경	广 声 慮 慶
事	亅 7	일 사	一 亖 事 事
競	立 15	경쟁할 경	立 竟 竸 競
爭	爪 4	다툴 쟁	一 爫 爭 爭

사자성어

▶ 浩然之氣(호연지기) : 하늘과 땅 사이에 있는 매우 크고 굳센 기운을 말함.

▶ 股肱之臣(고굉지신) : 팔다리에 버금가는 신하를 말함.

단어정리

耕地: 갈아 놓은 땅

敬老: 노인을 공경함

驚異: 놀랍고 이상함

慶事: 축하할 만한 기쁜 일

競爭: 서로 겨루어 다툼

한자	부수/획	훈음	필순
境	土 11	경계 경	土 垶 堷 境
界	田 4	지경 계	冂 田 畀 界
鏡	金 11	거울 경	釒 鉝 鐿 鏡
臺	至 8	대 대	亠 声 高 臺
頃	頁 2	잠깐 경	匕 匕 𠤏 頃
刻	刀 6	새길 각	亠 亥 亥 刻
傾	人 11	기울 경	亻 化 偱 傾
斜	斗 7	기울 사	亼 余 余 斜
警	言 13	경계할 경	艹 苟 敬 警
告	口 4	고할 고	丿 牛 牛 告

사자성어

▶ 冬溫夏淸(동온하청) : 겨울에는 따뜻하게 하고 여름에는 시원하게 한다는 뜻으로, 부모를 잘 섬기는 효도의 도리를 이르는 말.

단어정리

境界: 서로의 영역이 맞닿은 곳
鏡臺: 거울을 달아 세운 화장대
頃刻: 지극히 짧은 시간
傾斜: 비스듬히 기울어짐
警告: 조심하라고 알림

한자	부수 / 획수	훈	음	필순
季	子 5	철	계	一 禾 季 季
節	竹 9	때	절	⺮ 笞 筤 節
計	言 2	셀	계	一 亖 言 計
算	竹 8	셀	산	⺮ 笪 筸 算
溪	氵 10	시내	계	氵 氵 溪 溪
谷	谷 0	골	곡	ノ 八 仌 谷
鷄	鳥 10	닭	계	爫 奚 奚 鷄
卵	卩 5	알	란	丆 卯 卵 卵
系	糸 1	실	계	一 幺 系 系
列	刀 4	줄	렬	一 丆 歹 列

사자성어

▶ 望雲之情(망운지정) : 멀리 떠나온 자식이 어버이를 그리워하는 정을 말함.

▶ 昏定晨省(혼정신성) : 저녁에는 부모의 잠자리를 보아 드리고, 아침에는 일찍 일어나 문안을 드린다는 뜻임.

단어정리

季節: 사철

計算: 수량을 셈

溪谷: 개울이 흐르는 골짜기

鷄卵: 달걀

系列: 같은 계통에 따른 배열

한자	부수·획수	훈·음	필순
戒	戈 3	경계할 계	一 二 开 戒
嚴	口 17	엄할 엄	吅 严 嚴 嚴
繼	糸 14	이을 계	糸 繼 繼 繼
承	手 4	이을 승	了 手 承 承
契	大 6	맺을 계	三 丰 㓞 契
約	糸 3	묶을 약	幺 糸 約 約
桂	木 6	계수나무 계	木 杧 桂 桂
皮	皮 0	가죽 피	丿 厂 广 皮
啓	口 8	열 계	丿 戶 啟 啓
示	示 0	보일 시	二 亍 亓 示

사자성어

▶ 風樹之嘆(풍수지탄) : 나무는 조용히 있고자 하나 바람이 가만두지 않는 다는 뜻으로 어버이에게 효도하려하나 이미 돌아가심을 한탄하는 말.

단어정리

戒嚴: 경계를 엄중히 함
繼承: 뒤를 이어 받음
契約: 쌍방이 의무규정을 전제로 하여 맺는 약정
桂皮: 한방에서 계수나무의 껍질을 약재로 이르는 말
啓示: 깨우쳐 보여줌

한자	부수·획수	훈음	필순
階	阝 9	계단 계	阝 阝⺊ 阝比 階
段	殳 5	조각 단	厂 ⺪ 𣪊 段
繫	糸 13	맬 계	車 軎 毄 繫
留	田 5	머무를 류	⺈ 卬 卯 留
古	口 2	옛 고	一 十 古 古
今	人 2	이제 금	ノ 人 亼 今
固	囗 5	굳을 고	冂 冃 固 固
有	月 2	있을 유	ノ ナ 有 有
苦	艹 5	쓸 고	一 艹 苎 苦
杯	木 4	잔 배	木 杧 杯 杯

사자성어

▶ 結草報恩(결초보은) : 죽어서 혼령이 되어도 은혜를 잊지 않고 반드시 갚는 다는 뜻으로 풀을 묶어 은혜를 갚았다는 고사에서 나온 말.

단어정리

階段: 층층대

繫留: 붙들어 머물게 함

古今: 옛날과 지금

固有: 어떤 물건에만 특별히 있음

苦杯: 지거나 실패하여 마음이 쓰라림

한자	부수	획수	훈	음	필순
考	耂	2	상고할	고	土 耂 耂 考
古	口	2	예	고	一 十 古 古
高	高	0	높을	고	亠 亠 高 高
見	見	0	볼	견	丨 冂 目 見
告	口	4	고할	고	丿 𠂉 ⺧ 告
白	白	0	흰빛	백	丿 白 白 白
枯	木	5	마를	고	木 木 朩 枯
木	木	0	나무	목	一 十 才 木
姑	女	5	시어미	고	𡿨 女 女 姑
婦	女	8	지어미	부	女 妇 妇 婦

사자성어

▶ 蚌鷸之爭(방휼지쟁) : 본래는 방합과 도요새의 싸움을 가리키나 양자가 서로 싸우는 틈에 다른 제3자가 이익을 얻는다는 말.

단어정리

考古: 고대의 사실을 연구 고찰함
高見: 훌륭한 의견
告白: 생각하는 바를 솔직히 말함
枯木: 마른 나무
姑婦: 시어머니와 며느리

한자	부수/획수	뜻	음	필순
孤	子 5	외로울	고	孑 孓 孤 孤
立	立 0	설	립	亠 亣 立 立
鼓	鼓 0	북	고	士 壴 鼓 鼓
舞	舛 8	춤출	무	𠂉 無 舞 舞
曲	曰 2	굽을	곡	冂 巾 曲 曲
線	糸 9	실	선	糸 紳 綿 線
穀	禾 10	곡식	곡	士 声 穀 穀
物	牛 4	만물	물	牛 牜 牞 物
困	口 4	괴로울	곤	冂 冃 困 困
難	隹 11	어려울	난	艹 菓 糞 難

사자성어

▶ 白骨難忘(백골난망) : 죽어서 백골이 되어도 잊을 수 없다는 뜻으로 남에게 어떤 큰 은혜를 입었을 때 잊지 않겠다고 하는 말.

단어정리

孤立: 외따로 있음

鼓舞: 북을 치며 춤을 춘다는 뜻으로 격려하여 기세를 돋움

曲線: 구부러진 선

穀物: 사람이 주식으로 하는 곡식

困難: 어려움

한자	부수·획	훈음	필순
骨	骨 0	뼈 골	冂 冎 冎 骨
肉	肉 0	살 육	冂 内 内 肉
公	八 2	공정할 공	丿 八 公 公
共	八 4	함께 공	一 卄 卄 共
功	力 3	공적 공	丅 工 功 功
名	口 3	이름 명	丿 ク 夕 名
工	工 0	공업 공	一 丅 工
業	木 9	업 업	丷 业 业 業
供	人 6	베풀 공	亻 仕 供 供
養	食 6	기를 양	丷 羊 美 養

사자성어

▶ 兎死狗烹(토사구팽) : 토끼가 죽으면 사냥개를 삶아먹는다는 뜻으로 필요할 때는 잘 부려먹다가 그렇지 않을 때는 저버린다는 말.

단어정리

骨肉: 뼈와 살, 즉 부모형제를 가리킴
公共: 대중에 다같이 관계되는 것
功名: 공적과 명예
工業: 원료에 인공을 가하여 새로운 물품을 만드는 산업
供養: 어른에게 음식을 드림

한자	부수/획수	훈음	필순
恐	心 6	두려움 공	巩 巩 恐 恐
怖	忄 5	으를 포	忄 忙 怖 怖
恭	心 6	받들 공	艹 共 恭 恭
遜	辶 10	사양할 손	孑 孫 孫 遜
攻	攴 3	칠 공	工 玎 攻 攻
擊	手 13	칠 격	車 車 毄 擊
果	木 4	실과 과	日 甲 果 果
實	宀 11	열매 실	宀 寉 實 實
科	禾 4	품등 과	禾 禾 科 科
目	目 0	세목 목	丨 冂 目

사자성어

▶ 反哺之孝(반포지효) : 낳고 길러준 부모에게 봉양하는 효심을 말함.

▶ 背恩忘德(배은망덕) : 베풀어준 은덕을 저버림.

단어정리

恐怖: 무서움 , 두려움

恭遜: 공경하고 겸손함

攻擊: 나아가 적을 침

果實: 열매; 먹을 수 있는 나무의 열매

科目: 사물을 분류한 조목; 학문의 구분 또는 교과를 구성하는 단위

한자	부수/획수	훈음	필순
課	言 8	시험할 과	言 評 諢 課
題	頁 9	물음 제	是 題 題 題
過	辶 9	잘못할 과	冂 冎 渦 過
失	大 2	허물 실	𠂉 乍 失 失
寡	宀 11	적을 과	宀 宣 寘 寡
默	黑 4	잠잠할 묵	甲 黒 默 默
誇	言 6	자랑할 과	言 訡 誇 誇
示	示 0	보일 시	二 亍 亓 示
官	宀 5	벼슬 관	宀 宁 官 官
吏	口 3	벼슬아치 리	一 戸 吏 吏

사자성어

▶ 男女有別(남녀유별) : 남자와 여자와는 구별이 있음.

▶ 甘言利說(감언이설) : 남의 비위에 맞춰 듣기에 좋고 이익이 될 것처럼 꾸민 말.

단어정리

觀念: 생각; 견해

關係: 서로의 걸림

冠帶: 갓과 띠; 옛날 벼슬아치의 공복- 지금은 구식 혼례때 신랑이 입음

寬大: 마음이 너그럽고 큼

慣行: 익숙하여 잘함; 버릇에 따라함

한자	부수	획수	훈	음	필순
貫	貝	4	돈꿰미	관	ㄴ 毌 貫 貫
通	辶	7	통할	통	ᄀ 甬 涌 通
光	儿	4	빛	광	ㅣ 业 光 光
澤	氵	13	윤	택	氵 泗 澤 澤
廣	广	12	넓을	광	广 庐 庐 廣
場	土	9	마당	장	土 坦 場 場
狂	犭	4	미칠	광	ノ 犭 犴 狂
犬	犬	0	개	견	一 ナ 大 犬
鑛	金	15	쇳돌	광	金 鈩 鑛 鑛
山	山	0	메	산	ㅣ 山 山 山

사자성어

▶ 甘呑苦吐(감탄고토) : 달면 삼키고 쓰면 뱉는다는 뜻으로, 자신에게 이로우면 취하고 그렇지 않으면 버린다는 뜻.

단어정리

貫通: 꿰뚫음

光澤: 빛의 반사에 의하여 물체의 표면에 어른어른하게 반짝이는 윤기

廣場: 넓은곳, 의사소통을 꾀할 수 있는 공통의 장소를 비유하여 이르는 말

狂犬: 미친개

鑛山: 광물을 캐내는 곳

한자	부수·획수	훈	음	필순
掛	扌 8	걸	괘	扌 扗 挂 掛
念	心 4	생각	념	人 亽 今 念
怪	忄 5	괴상할	괴	忄 忆 怿 怪
異	田 6	다를	이	田 甲 畀 異
交	亠 4	사귈	교	亠 六 亣 交
替	曰 8	바꿀	체	夫 㚘 替 替
教	攴 7	가르칠	교	乂 孝 教 教
育	月 4	기를	육	亠 亠 亣 育
橋	木 12	다리	교	木 杔 橋 橋
梁	木 7	나무다리	량	氵 汈 洂 梁

사자성어

▶ 巧言令色(교언영색) : 남의 환심을 사기 위해 교묘히 꾸며서 하는 말과 아첨하는 얼굴빛.

▶ 口尙乳臭(구상유취) : 입에서 아직 젖내가 난다는 뜻으로, 말과 하는 행동이 어린애처럼 유치함.

단어정리

掛念: 마음에 걸려 잊히지 않음

怪異: 괴상하고 이상함

交替: 갈마듦

教育: 지식을 가르치고 품성과 체력을 기름

橋梁: 다리; 강 위를 건너게 한 구조물

한자	부수·획수	훈음	필순
郊	邑 6	성밖 교	亠 六 交阝 郊
外	夕 2	밖 외	丿 ク 夕 外
口	口 0	입 구	丨 冂 冂 口
腔	月 8	빈속 강	月 肸 腔 腔
句	口 2	구절 구	丿 勹 勺 句
讀	言 15	읽을 독	言 讀 讀 讀
救	攴 7	도울 구	寸 求 救 救
助	力 5	도울 조	目 且 助 助
求	水 2	구할 구	一 才 求 求
愛	心 9	사랑 애	爫 愛 愛 愛

사자성어

▶ 雷同附和(뇌동부화) : 아무런 생각도 없이 다른 사람의 의견에 휩쓸려 따라함.

▶ 矛盾(모순) : '창과 방패'라는 뜻으로, 말이나 행동의 앞뒤가 서로 맞지 않음.

단어정리

郊外: 도시 주위의 들

口腔: 입 안

句讀: 글의 구절 사이를 띔

救助: 어려운 지경에 있는 사람을 도와 건져 줌

求愛: 사랑을 구함

한자	부수·획수	훈음	필순
舊	臼 12	오랠 구	艹 萑 舊 舊
式	弋 3	법 식	一 亍 式 式
丘	一 4	언덕 구	㇀ 厂 斤 丘
陵	阝 8	언덕 릉	阝 阹 陵 陵
區	匚 9	지경 구	一 𠀁 區 區
域	土 8	지경 역	扌 坷 域 域
拘	扌 5	잡을 구	扌 扚 拘 拘
束	木 3	묶을 속	一 冖 束 束
構	木 10	얽을 구	木 构 構 構
造	辶 7	지을 조	牛 告 诰 造

사자성어

▶ 語不成說(어불성설) : 말이 되지 않음, 즉 말이 이치에 맞지 않음.

▶ 炎凉世態(염량세태) : 힘이 있을 때는 아첨하여 따르고 힘이 없어지면 냉대하는 세태와 인정.

단어정리

舊式: 옛날의 격식

丘陵: 언덕, 나직한 산

區域: 기준에 의해 잘라놓은 지역

拘束: 행동이나 의사의 자류를 제한함

構造: 꾸며 만듦, 짜서 맞춤

한자	부수·획수	훈	음	필순
球	王 7	옥	구	𤣩 玎 球 球
技	扌 4	기능	기	扌 扌 抆 技
苟	艹 5	구차할	구	艹 芍 苟 苟
且	一 4	구차스러울	차	丨 冂 目 且
驅	馬 11	몰	구	𠂆 馬 駆 驅
使	人 6	부릴	사	亻 仁 伃 使
國	口 8	나라	국	冂 同 國 國
際	阝 11	사귈	제	阝 陊 際 際
菊	艹 8	국화	국	艹 芍 芍 菊
花	艹 4	꽃	화	艹 艹 花 花

사자성어

▶ 以鹿爲馬(이록위마) : 사슴을 말이라고 우겨댄다는 뜻으로, 사리에 맞지 않는 말로 사람을 기만하고 권세를 휘두름.

단어정리

球技: 공으로 하는 운동 경기
苟且: 가까스로 겨우, 몹시 가난하고 군색함
驅使: 자유자재로 다루어서 씀
國際: 나라와 나라와의 교제
菊花: 가을철에 피는 매우 향기로운 식물

한자	부수·획수	훈음	필순
君	口 4	임금 군	ㄱ ㅋ 尹 君
子	子 0	아들 자	㇖ 了 子
軍	車 2	군사 군	冖 冖 宣 軍
人	人 0	사람 인	丿 人
郡	邑 7	고을 군	ㅋ 君 君阝 郡
守	宀 3	지킬 수	宀 宀 守 守
群	羊 7	무리 군	ㅋ 君 君丷 群
集	隹 4	모일 집	亻 隹 隼 集
屈	尸 5	굽을 굴	コ 尸 屈 屈
服	月 4	좇을 복	刀 月 肌 服

사자성어

▶ 二律背反(이율배반) : 철학에서 똑같이 정당하게 보이는 2개의 원리이나, 결론적으로 볼 때 실제로든 겉으로든 존재하는 모순을 가리키는 말.

단어정리

君子: 심성이 어질고 덕행이 높은 사람

軍人: 육해공군 장병의 총칭

郡守: 군의 행정 책임자

群集: 떼를 지어 모임

屈服: 굽히어 복종함

한자	부수/획수	뜻과 음	필순
弓	弓 0	활 궁	ㄱ ㄱ 弓 弓
手	手 0	손 수	一 二 三 手
宮	宀 7	집 궁	宀 宀 宮 宮
殿	殳 9	큰집 전	ㄱ 屏 殿 殿
窮	穴 10	다할 궁	宀 穴 窮 窮
乏	丿 4	떨어질 핍	一 丆 乏 乏
勸	力 18	권할 권	艹 艹 雚 勸
告	口 4	고할 고	丿 牛 牛 告
權	木 18	권세 권	木 木 木 權
勢	力 11	세력 세	坴 埶 勢 勢

사자성어

▶ 人事不省(인사불성) : ① 정신(精神)을 잃어 의식이 없음. ② 사람으로서의 예절을 차릴 줄 모름.

▶ 自家撞着(자가당착) : 자기의 언행이 앞뒤가 모순되어 일치하지 않음.

단어정리

弓手: 과거에 활을 쏘던 군사

宮殿: 궁궐

窮乏: 곤궁하고 빈핍함

勸告: 타일러 말함

權勢: 권력과 세력

한자	부수·획수	훈음	필순
軌	車 2	법 궤	亘 車 軋 軌
度	广 6	법도 도	广 产 庐 度
歸	止 14	돌아갈 귀	𠂤 𠂤 𠂤 歸
省	目 4	살필 성	亅 小 少 省
貴	貝 5	귀할 귀	口 中 冑 貴
重	里 2	중할 중	一 旨 重 重
鬼	鬼 0	귀신 귀	′ 由 鬼 鬼
神	示 5	귀신 신	丁 示 祀 神
糾	糸 2	모을 규	幺 糸 糾 糾
合	口 3	합할 합	丿 人 亼 合

사자성어

▶ 朝令暮改(조령모개) : 아침에 명령(命令)을 내리고서 저녁에 다시 바꾼다는 뜻, 즉 일정한 방침이 없이 수시로 바뀌는 일이나 상황을 말함.

단어정리

軌度: 법도, 본보기
歸省: 객지에서 부모를 뵈러 돌아옴
貴重: 귀하고 소중함
鬼神: 죽은 사람의 넋
糾合: 일을 꾸미려고 사람을 모음

한자	부수·획수	훈음	필순
規	見 4	법 규	二 夫 担 規
則	刀 7	법칙 칙	目 貝 則 則
極	木 9	다할 극	木 朾 極 極
盡	皿 9	다할 진	⺕ 聿 朿 盡
克	儿 5	이길 극	一 十 古 克
己	己 0	몸 기	一 コ 己
勤	力 11	일 근	廿 堇 勤 勤
務	力 9	일 무	マ 予 矛 務
根	木 6	뿌리 근	木 杞 根 根
本	木 1	근본 본	一 十 木 本

사자성어

▶ 作心三日(작심삼일) : 결심한 바가 삼일이 못 가 흐지부지 된다는 말.

▶ 針小棒大(침소봉대) : 바늘만한 것을 몽둥이만하다고 말함이란 뜻으로, 작은 일을 크게 과장하여 말함.

단어정리

規則: 규정한 법칙

極盡: 마음과 힘을 다함

克己: 스스로를 다스려 이김

勤務: 일정한 직장에 적을 두고 일함

根本: 사물의 본 바탕

한자	부수·획수	훈음	필순
近	辶 4	가까울 근	厂 斤 沂 近
來	人 6	올 래	一 从 來 來
僅	人 11	겨우 근	亻 亻廿 僅 僅
少	小 1	적을 소	亅 亅 小 少
謹	言 11	삼갈 근	言 訁廿 謹 謹
愼	忄 10	삼갈 신	丷 忄匕 愼 愼
今	人 2	이제 금	ノ 人 亼 今
年	干 3	해 년	ノ 𠂉 仁 年
禁	示 8	금할 금	林 林 林 禁
止	止 0	막을 지	丨 卜 止 止

사자성어

▶ 虛禮虛飾(허례허식) : 예절, 법식 등을 겉으로만 꾸며 번드레하게 하는 일.

▶ 虛張聲勢(허장성세) : 헛되이 목소리의 기세만 높인다는 뜻으로, 실속은 없이 허세로만 떠벌림.

단어정리

近來: 요즘

僅少: 아주 적음

謹愼: 언행을 삼가서 조심

今年: 올해

禁止: 금하여 못하게 함

한자	부수 / 획수	훈	음	필순
金	金 0	쇠	금	丿 人 今 金
庫	广 7	곳집	고	广 庐 庫 庫
琴	王 8	거문고	금	王 玨 珡 琴
瑟	王 9	큰거문고	슬	王 玨 琵 瑟
禽	内 8	짐승	금	𠆢 今 禽 禽
獸	犬 15	짐승	수	罒 嘼 獸 獸
錦	金 8	비단	금	金 鉑 錦 錦
衣	衣 0	옷	의	亠 ナ 衣 衣
及	又 2	미칠	급	丿 ㄗ 乃 及
第	竹 5	급제할	제	⺮ 笃 第 第

사자성어

▶ 十伐之木(십벌지목) : ① '열 번 찍어 안 넘어가는 나무가 없다'는 뜻으로 어떤 어려운 일이라도 계속하여 끊임없이 노력하면 기어이 이룰 수 있다. ② 아무리 마음이 굳은 사람이라도 계속하여 말을 하면 결국 그 말을 듣게 된다.

단어정리

金庫: 화폐 귀중품 등을 넣어 저장하는 궤
琴瑟: 거문고와 비파, 부부 사이의 정
禽獸: 날짐승과 길짐승의 총칭
錦衣: 비단 옷
及第: 시험에 합격함

한자	부수·획수	훈	음	필순
急	心 5	급할	급	⺈ 刍 刍 急
迫	辶 5	닥칠	박	白 白 泊 迫
給	糸 6	줄	급	糸 糸 紒 給
與	臼 7	줄	여	⺽ 阝 舁 與
肯	月 4	수긍할	긍	⺊ 止 肯 肯
定	宀 5	정할	정	宀 宀 宇 定
基	土 8	터	기	一 甘 其 基
本	木 1	근본	본	一 十 木 本
幾	幺 9	거의	기	幺幺 丝 幾 幾
何	人 5	어찌	하	亻 仁 何 何

사자성어

▶ 愚公移山(우공이산) : 우공이 산을 옮긴다는 말로, 남이 보기엔 어리석은 일처럼 보이지만 한 가지 일을 끝까지 밀고 나가면 언젠가는 뜻한 바를 이룰 수 있다.

단어정리

急迫: 사정이 다급함

給與: 물품을 줌

肯定: 어떤 사물이나 현상 또는 사태에 대하여 그것이 옳다고 찬성하는 것을 말함

基本: 사물의 근본

幾何: 얼마; 수학의 한 분파인 기하학

한자	부수/획수	훈음 / 필순
技	扌 4	재주 기 / 一 扌 扌 技
術	行 5	술수 술 / 彳 徘 徘 術
旣	无 7	이미 기 / 白 皀 皀 旣
成	戈 3	이룰 성 / 一 厂 万 成
期	月 8	때 기 / 甘 其 期 期
約	糸 3	약속 약 / 糸 糹 約 約
氣	气 6	기운 기 / 乍 气 氧 氣
分	刀 2	나눌 분 / 丿 八 今 分
記	言 3	적을 기 / 言 訁 訂 記
憶	忄 13	기억할 억 / 丷 忄 忙 憶

사자성어

▶ 肝膽相照(간담상조) : '간과 쓸개를 내놓고 서로에게 내보인다'라는 뜻으로 서로 마음을 터놓고 친밀히 사귐.

▶ 管鮑之交(관포지교) : 옛날 중국의 관중과 포숙처럼 깊은 이해로 맺어진 절친한 친구 사이.

단어정리

技術: 손재주; 이론을 응용하는 재주

旣成: 이미 이루어졌음

期約: 때를 정하여 약속함

氣分: 마음에 저절로 느껴지는 상태

記憶: 잊지 않고 외어둠

한자	부수·획수	훈	음	필순
起	走 3	일어설	기	十 走 起 起
用	用 0	쓸	용	丿 冂 月 用
企	人 4	발돋움할	기	𠆢 个 企 企
待	彳 6	기다릴	대	彳 往 待 待
器	口 13	그릇	기	吅 㗊 哭 器
具	八 6	그릇	구	丨 冂 且 具
奇	大 5	기이할	기	一 大 奆 奇
異	田 6	다를	이	田 甲 罡 異
寄	宀 8	부칠	기	宀 宊 寄 寄
託	言 3	부탁할	탁	言 訁 訑 託

사자성어

▶ 多情多感(다정다감) : 정이 많고 느낌이 많다는 뜻으로, 생각과 느낌이 섬세하고 풍부함.

▶ 莫逆之友(막역지우) : 마음이 맞아 서로 거스르는 일이 없는 친밀한 벗.

단어정리

起用: 어떤 직무에 사람을 뽑아 씀

企待: 발돋움하여 기다림

器具: 세간 그릇 연장 등의 총칭

奇異: 기묘하고 야릇함

寄託: 의뢰함; 금품을 남에게 맡겨 그 처리를 부탁함

한자	부수·획수	훈음	필순
忌	心 3	꺼릴 기	ㄱ 㔾 己 忌
日	日 0	날 일	丨 冂 日 日
機	木 12	틀 기	木 桦 機 機
會	日 9	기회 회	𠆢 侖 會 會
欺	欠 8	속일 기	甘 其 欺 欺
瞞	目 11	속일 만	目 目 瞒 瞞
祈	示 4	빌 기	亍 礻 祈 祈
禱	示 14	빌 도	礻 祷 禱 禱
紀	糸 3	적을 기	糸 糸 紀 紀
行	行 0	다닐 행	丿 彳 行 行

사자성어

▶ 水魚之交(수어지교) : 물과 물고기의 사귐이란 뜻으로 ① 임금과 신하 또는 부부 사이처럼 매우 친밀한 관계 ② 서로 떨어질 수 없는 친한 사이를 일컫는 말.

단어정리

忌日: 불길한 날; 사람이 죽은 날

機會: 어떤 일이 이루어지는 데에 알맞은 때나 경우

欺瞞: 남을 속임

祈禱: 바라는 바가 이루어지기를 빎

紀行: 여행에서 듣고 본 것을 기록한 글

한자	부수·획수	훈·음	필순
飢	食 2	굶길 기	𠆢 飠 飣 飢
渴	氵 9	목마를 갈	氵 沪 渇 渴
騎	馬 8	말탈 기	馬 駤 騎 騎
馬	馬 0	말 마	厂 ㄷ 馬 馬
緊	糸 8	급할 긴	臣 臤 竪 緊
張	弓 11	펼 장	弓 弫 張 張
吉	口 3	복 길	十 士 吉 吉
凶	凵 2	흉할 흉	乂 乂 区 凶
暖	日 9	따뜻할 난	日 旷 暖 暖
流	氵 6	흐를 류	氵 氵 浐 流

사자성어

▶ 朋友有信(붕우유신) : 친구 사이에는 믿음이 있어야 한다는 뜻.

▶ 竹馬故友(죽마고우) : 대나무 말을 타고 놀던 옛 친구라는 뜻으로, 어릴 때부터 가까이 지내며 자란 벗.

단어정리

飢渴: 굶주림과 목마름

騎馬: 말을 탐

緊張: 팽팽한 상태; 정신을 바짝 차림

吉凶: 좋은 일과 나쁜 일

暖流: 온도가 높고 염분이 많은 해류

한자	부수/획수	훈 · 음	필순
南	十 7	남녘 남	𠂇 冂 𢆉 南
極	木 9	극 극	木 朽 極 極
男	田 2	사내 남	丨 田 男 男
性	忄 5	성별 성	忄 忙 性 性
納	糸 4	들일 납	糸 紀 納 納
稅	禾 7	거둘 세	禾 秋 稅 稅
娘	女 7	계집 낭	女 妇 娘 娘
家	宀 7	집 가	宀 穴 家 家
內	入 2	안 내	丨 冂 內 內
外	夕 2	밖 외	丿 夕 外 外

사자성어

▶ 事必歸正(사필귀정) : 모든 일이 처음에는 그릇됨에 빠지더라도 결국에 가서는 반드시 올바른 이치로 돌아감.

단어정리

南極: 지축의 남쪽 끝

男性: 남자

納稅: 세금을 바침

娘家: 외가

內外: 안팎

한자	부수	획수	훈	음	필순
奈	大	5	어찌	내	一 大 李 奈
何	人	5	어찌	하	亻 仁 何 何
耐	而	3	견딜	내	丆 而 耐 耐
久	丿	2	오랠	구	艹 萑 舊 舊
怒	心	5	성낼	노	女 奴 怒 怒
氣	气	6	기운	기	气 气 氣 氣
努	力	5	힘쓸	노	女 奴 努 努
力	力	0	힘	력	𠃌 力
奴	女	2	종	노	𡛂 女 奴 奴
婢	女	8	계집종	비	女 婢 婢 婢

사자성어

▶ 知音(지음) : 거문고 소리를 듣고 안다는 뜻으로 자기의 속마음까지 알아주는 친구.

▶ 殺身成仁(살신성인) : 자신을 희생하여 옳은 도리(道理)를 행함.

단어정리

奈何: 어찌; 어떻게 할 수가 없음

耐久: 오래 견딤

怒氣: 노여운 기세

努力: 애를 쓰고 힘을 다함

奴婢: 사내종과 계집종의 총칭

한자	부수/획수	훈음	필순
農	辰 6	농사 농	曲 𠖥 農 農
夫	大 1	지아비 부	一 二 夫 夫
能	月 6	재능 능	厶 育 能 能
力	力 0	힘 력	𠃌 力
多	夕 3	많을 다	ク 夕 多 多
寡	宀 11	적을 과	宀 宣 寡 寡
茶	艹 6	차 다	艹 艾 苶 茶
器	口 13	그릇 기	吅 吅 哭 器
丹	丶 3	주사 단	丿 冂 冂 丹
靑	靑 0	푸를 청	一 ⺼ 靑 靑

사자성어

▶ 他山之石(타산지석) : 다른 산의 돌이라는 뜻으로, 다른 산에서 나는 거칠고 나쁜 돌이라도 숫돌로 쓰면 자기의 옥을 갈 수 있으므로, 다른 사람의 하찮은 언행이라도 자기를 수행하는데 도움이 됨을 비유해 이르는 말.

단어정리

農夫: 농민

能力: 일을 감당할 수 있는 힘

多寡: 많음과 적음

茶器: 차 마시는데 쓰이는 그릇

丹靑: 빨간 빛과 푸른 빛; 채색하여 그린 그림

한자	부수·획수	훈	음	필순
但	人 5	다만	단	亻 伯 但 但
只	口 2	다만	지	丨 口 只 只
單	口 9	홑	단	吅 罒 罝 單
純	糸 4	실	순	糸 紅 紅 純
短	矢 7	짧을	단	𠂉 矢 矩 短
篇	竹 9	책	편	⺮ 笘 篇 篇
端	立 9	바를	단	立 站 端 端
正	止 1	바를	정	一 丅 正 正
團	口 11	모일	단	冂 囯 團 團
結	糸 6	맺을	결	幺 糸 結 結

사자성어

▶ 以心傳心(이심전심) : 석가(釋迦)와 가섭이 마음으로 마음에 전한다는 뜻으로 ① 말로써 설명할 수 없는 심오한 뜻은 마음으로 깨닫는 수밖에 없다는 말 ② 마음과 마음이 통하고, 말을 하지 않아도 의사가 전해짐.

단어정리

但只: 다만; 겨우
單純: 복잡하지 않고 간단함
短篇: 짧은 시문
端正: 얌전하고 바름
團結: 많은 사람이 한 마음으로 뭉침

한자	부수	획수	뜻	음	필순
檀	木	13	박달나무	단	木 檀 檀 檀
君	口	4	임금	군	ㄱ ⺕ 尹 君
斷	斤	14	끊을	단	𢆶 㡭 斷 斷
念	心	4	생각	념	人 亼 今 念
達	辶	9	통할	달	幸 幸 幸 達
成	戈		이룰	성	一 厂 厅 成
談	言	8	이야기	담	言 訁 談 談
話	言	6	이야기	화	言 訁 話 話
擔	扌	13	멜	담	扌 扩 护 擔
當	田	8	맡을	당	⺌ 尚 當 當

사자성어

▶ 燈火可親(등화가친) : 등불을 가까이 할 수 있다는 뜻으로, 가을밤은 시원하고 상쾌하므로 등불을 가까이 하여 글 읽기에 좋음을 이르는 말.

단어정리

檀君: 우리나라가 국조로 받드는 태초의 임금
斷念: 품었던 생각을 버림
達成: 목적한 바를 이룸
談話: 주고받는 이야기; 의견을 밝힘
擔當: 일을 맡아 봄

한자	부수/획수	훈	음	필순
淡	氵 8	엷을	담	氵 氵 淡 淡
淡	氵 8	엷을	담	氵 氵 淡 淡
答	竹 6	갚을	답	⺮ 笶 笒 答
禮	示 13	예	례	礻 禮 禮 禮
踏	足 8	밟을	답	𧾷 踏 踏 踏
査	木 5	조사할	사	木 杏 査 査
當	田 8	대할	당	㣺 当 當 當
面	面 0	낯	면	一 丆 面 面
糖	米 10	엿	당	米 粇 糖 糖
分	刀 2	나눌	분	丿 八 分 分

사자성어

▶ 文房四友(문방사우) : 서재에 꼭 있어야 할 네 벗, 즉 종이, 붓, 벼루, 먹.

▶ 博而不精(박이부정) : 여러 방면으로 널리 알지만 정통하거나 정밀하지 못함.

단어정리

淡淡: 욕심이 없이 조촐함; 음식이 산뜻함

答禮: 남에게서 받은 예를 도로 갚는 일

踏査: 실지 가서 보고 조사함

當面: 얼굴을 댐; 얼굴을 대함; 일이 바로 눈앞에 닥침

糖分: 당질의 성분; 사탕질의 성분

한자	부수·획수	뜻·음	필순
黨	黑 8	무리 당	⺌ 當 黨 黨
派	氵 6	갈라질 파	氵 汇 泝 派
大	大 0	클 대	一 ナ 大
成	戈 3	이룰 성	一 厂 厅 成
對	寸 11	마주볼 대	业 丵 對 對
答	竹 6	대답할 답	⺮ 笅 笒 答
待	彳 6	대접할 대	彳 徍 待 待
遇	辶 9	대접할 우	田 禺 禺 遇
帶	巾 8	띠 대	卌 卌 帶 帶
同	口 3	모일 동	丨 冂 冂 同

사자성어

▶ 實事求是(실사구시) : 사실을 근거로 하여 진리를 탐구하는 일이란 뜻으로, 공론만 일삼는 양명학에 대한 반동으로서 청조의 고증학파가 내세운 표어로, 문헌학적인 고증의 정확을 존중하는 과학적 · 객관적인 학문 태도.

단어정리

黨派: 어떤 목적으로 뭉쳐진 무리; 당의 분파
大成: 크게 이룸; 크게 성취함
對答: 어떤 물음이나 요구에 응답하는 일
待遇: 예의를 갖추어 신분에 맞게 대접함
帶同: 데리고 함께 감

한자	부수/획수	훈	음	필순
臺	至 8	대	대	亠 吉 声 臺
詞	言 5	고할	사	言 訁 訂 詞
貸	貝 5	빌릴	대	亻 代 貸 貸
與	臼 7	줄	여	F 𦥑 𦦙 與
到	刀 6	이를	도	丕 至 到 到
處	虍 5	곳	처	广 虍 虎 處
圖	口 11	꾀할	도	冂 冏 啚 圖
謀	言 9	꾀할	모	言 計 謀 謀
徒	彳 7	걸을	도	彳 往 徒 徒
步	止 4	걸을	보	丨 止 步 步

사자성어

▶ 韋編三絕(위편삼절) : 공자가 책을 하도 많이 읽어서 그것을 엮어 놓은 끈이 세 번이나 끊어졌단 데에서 비롯된 말로, 한 권의 책을 여러 차례 되풀이해서 읽음.

단어정리

臺詞: 배우가 무대에서 하는 말
貸與: 빌려줌
到處: 가는 곳마다의 여러 곳
圖謀: 일을 이루려고 꾀함
徒步: 타지 않고 걸음

한자	부수 / 획수	훈	음	필순
道	辶 9	길	도	丷 䒑 首 道
路	𧾷 6	길	로	𧾷 𧿒 跤 路
都	邑 9	도읍	도	土 者 都 都
心	心 0	가운데	심	丶 心 心 心
倒	人 8	넘어질	도	亻 伒 侄 倒
産	生 6	낳을	산	亠 立 产 産
塗	土 10	진흙	도	氵 涂 涂 塗
炭	火 5	숯	탄	山 屵 岸 炭
導	寸 13	이끌	도	首 道 導 導
入	入 0	들	입	丿 入

사자성어

- ▶ 眼光紙背(안광지배) : 눈빛이 종이의 뒤까지 꿰뚫어본다는 뜻으로, 독서의 이해력이 날카롭고 깊음.
- ▶ 居安思危(거안사위) : 평안할 때에도 위험과 곤란이 닥칠 것을 생각하여 미리 대비해야 함.

단어정리

道路: 사람이 통행하는 길

都心: 도시의 중심

倒産: 재산을 모두 써버림; 파산함; 해산할 때 아이의 발이 먼저 나오는 일

塗炭: 고단하고 괴로운 지경을 말함

導入: 끌어들임

한자	부수 / 획수	훈	음	필순
桃	木 6	복숭아	도	木 杉 机 桃
園	囗 10	동산	원	冂 冃 園 園
渡	氵 9	건널	도	氵 沪 浐 渡
河	氵 5	운하	하	氵 汀 沔 河
盜	皿 7	훔칠	도	氵 次 盜 盜
用	用 0	쓸	용	丿 冂 月 用
跳	足 6	뛸	도	𧾷 趴 跳 跳
躍	𧾷 14	뛸	약	𧾷 踻 踻 躍
逃	辶 6	달아날	도	丬 兆 辶兆 逃
亡	亠 1	달아날	망	丶 亠 亡

사자성어

▶ 過猶不及(과유불급) : ① 능력 같은 것이 지나치거나 미치지 못함 ② 딱 알맞지 않음 ③ 중용을 얻지 못함.

▶ 有備無患(유비무환) : 미리 준비가 되어 있으면 우환이 닥쳐도 걱정할 필요가 없음.

단어정리

桃園: 복숭아 나무 동산

渡河: 강물을 건넘

盜用: 남의 물건을 몰래 씀

跳躍: 뛰어오름

逃亡: 몰래 피하여 달아남

한자	부수·획수	훈음	필순
陶	阝 8	질그릇 도	阝 阝勹 陶 陶
器	口 13	그릇 기	吅 吅 哭 器
獨	犭 13	홀로 독	丿 犭罒 獨 獨
身	身 0	몸 신	丿 冂 自 身
讀	言 15	읽을 독	言 訁士 讀 讀
書	曰 6	글 서	⺕ 聿 書 書
毒	毋 4	독 독	十 丰 毒 毒
藥	艹 15	약 약	艹 茲 藥 藥
敦	攴 8	도타울 돈	亠 享 敦 敦
厚	厂 7	두터울 후	厂 厓 厚 厚

사자성어

▶ 適者生存(적자생존) : 생존 경쟁의 결과 그 환경에 맞는 것만이 살아남고 그렇지 못한 것은 차차 쇠퇴 · 멸망해 가는 자연 도태의 현상을 일컫는 말.

단어정리

陶器: 질그릇
獨身: 배우자가 없는 사람
讀書: 책을 읽음
毒藥: 독이 있는 약
敦厚: 인정이 많음

한자	부수·획수	훈음	필순
豚	豕 4	돼지 돈	月 月 月 豚
犬	犬 0	개 견	一 ナ 大 犬
突	穴 4	부딪칠 돌	宀 穴 突 突
然	火 11	그럴 연	夕 然 然 然
冬	冫 3	겨울 동	ノ ク 夂 冬
眠	目 5	잘 면	目 目 眠 眠
動	力 9	움직일 동	二 重 動 動
力	力 0	힘 력	ㄱ 力
同	口 3	한가지 동	丨 冂 同 同
胞	月 5	태의 포	月 胞 胞 胞

사자성어

▶ 夫唱婦隨(부창부수) : 남편이 주장하고 아내가 이에 따른다는 뜻으로, 가정에서의 부부 화합의 도리를 이르는 말.

단어정리

豚犬: 돼지와 개; 자기 자식의 겸칭

突然: 갑작스럽게; 별안간

冬眠: 동물이 수면 상태로 겨울을 나는 일

動力: 물체를 움직이는 힘; 기계를 움직이는 힘

同胞: 같은 배의 형제; 같은 나라 또는 같은 민족의 사람

한자	부수·획수	훈·음	필순
東	木 4	동녘 동	一 亘 車 東
風	風 0	바람 풍	丿 几 凬 風
洞	氵 6	골 동	氵 汩 泂 洞
窟	穴 8	움 굴	穴 窋 窟 窟
童	立 7	아이 동	立 音 音 童
話	言 6	이야기 화	言 訁 訐 話
凍	冫 8	얼 동	冫 冫 凍 凍
死	歹 2	죽을 사	一 歹 歹 死
斗	斗 0	말 두	一 十 斗 斗
牛	牛 0	별이름 우	丿 𠂉 㐄 牛

사자성어 ▶ 門堂戸對(문당호대) : ① 문벌(門閥)이 서로 어슷비슷함 ② 결혼(結婚) : 조건(條件)이 추어진 상대(相對).

단어정리

東風: 동쪽에서 불어오는 바람; 봄바람
洞窟: 굴
童話: 동심을 바탕으로 만든 이야기
凍死: 얼어 죽음
斗牛: 북두성과 견우성

漢字	部首/劃	訓	音	筆順
豆	豆 0	콩	두	一 口 豆 豆
腐	肉 8	썩을	부	广 府 腐 腐
頭	頁 7	머리	두	一 豆 頭 頭
角	角 0	뿔	각	𠂊 角 角 角
鈍	金 4	무딜	둔	釒 釒 鈍 鈍
濁	氵 13	흐릴	탁	氵 氵罒 濁 濁
得	彳 8	얻을	득	彳 彳日 得 得
失	大 2	잃을	실	丿 𠂉 失 失
燈	火 12	등잔	등	火 火癶 燈 燈
油	氵 5	기름	유	氵 汩 油 油

사자성어

▶ 糟糠之妻(조강지처) : 지게미와 쌀겨로 끼니를 이어가며 고생을 같이 해온 아내란 뜻으로, 곤궁할 때부터 고난을 함께 겪은 본처(本妻)를 일컬음.

단어정리

豆腐: 콩으로 만든 영양 식품
頭角: 머리; 뛰어난 재능
鈍濁: 성질이 둔하고 혼탁함
得失: 얻음과 잃음
燈油: 등불을 켜는데 쓰는 기름

한자	부수/획수	훈음	필순
登	癶 7	오를 등	癶 癶 登 登
山	山 0	메 산	丨 山 山 山
等	竹 6	등급 등	竹 竺 等 等
級	糸 4	등급 급	糸 紉 級 級
麻	麻 0	삼 마	广 床 府 麻
衣	衣 0	옷 의	亠 ナ 衣 衣
莫	艹 7	없을 막	艹 苩 莫 莫
逆	辶 6	거스를 역	丷 屰 逆 逆
幕	巾 11	장막 막	艹 苩 莫 幕
舍	舌 2	집 사	人 亼 舍 舍

사자성어

▶ 目不識丁(목불식정) : 고무래를 보고도 그것이 고무래 정(丁)자인 줄 모른다는 뜻으로 ① 글자를 전혀 모름, 또는 그러한 사람을 비유(比喩)해 이르는 말 ② 낫 놓고 기역자도 모름.

단어정리

登山: 산에 오름
等級: 계급
麻衣: 삼베 옷
莫逆: 뜻을 거스르지 아니함; 서로 허물없이 절친함
幕舍: 임시로 간단하게 지은 집

한자	부수/획수	훈	음	필순
晩	日 7	저녁	**만**	日 日⺈ 晩 晩
餐	食 7	먹을	**찬**	歺 歺又 𣦼 餐
滿	氵 11	찰	**만**	氵 氵艹 氵𡗗 滿
足	足 0	족할	**족**	口 口丁 𧾷 足
萬	艹 9	일만	**만**	艹 苗 萬 萬
古	口 2	예	**고**	一 十 古 古
末	木 1	끝	**말**	一 二 未 末
世	一 4	인간	**세**	一 廿 廿 世
亡	亠 1	잃을	**망**	丶 亠 亡
身	身 0	몸	**신**	丿 冂 自 身

사자성어 ▶ 天生配匹(천생배필) : 하늘에서 미리 전해 준 배필.

단어정리

晩餐: 저녁 식사
滿足: 흐뭇하고 풍족한 마음
萬古: 한없이 오랜 세월
末世: 정치나 도의 따위가 어지러워지고 쇠퇴하여 가는 세상
亡身: 신분이나 명예를 손상함

한자	부수·획수	훈	음	필순
忘	心 3	잊을	망	亠 亡 亡 忘
却	卩 7	물러날	각	土 去 刦 却
罔	罒 3	없을	망	冂 冈 罔 罔
極	木 9	극	극	木 朽 極 極
茫	艹 6	아득할	망	艹 茫 茫 茫
茫	艹 6	멍할	망	艹 茫 茫 茫
妹	女 5	누이	매	女 奸 妹 妹
夫	大 1	지아비	수	女 妇 妇 婦
每	毋 3	매양	매	𠂉 仁 每 每
事	亅 7	일	사	一 亖 亊 事

사자성어 ▶ 井底之蛙(정저지와) : 우물 밑의 개구리라는 뜻으로 소견이나 견문이 몹시 좁은 것을 일컬음.

단어정리

忘却: 잊어버림
罔極: 끝이 없음; 은혜나 슬픔이 한없이 크고 깊다는 뜻
茫茫: 넓고 멀어 아득함
妹夫: 누이동생의 남편
每事: 모든 일

한자	부수·획수	훈	음	필순
賣	貝 5	팔	매	士 声 賣 賣
買	貝 5	살	매	罒 罝 買 買
埋	土 7	묻을	매	圵 坦 埋 埋
沒	氵 4	죽을	몰	氵 汐 沒 沒
媒	女 9	매개	매	女 妕 媒 媒
介	人 2	소개할	개	ノ 人 介 介
梅	木 7	매화나무	매	木 杧 梅 梅
實	宀 11	열매	실	宀 宙 實 實
麥	麥 0	보리	맥	一 夾 麥 麥
酒	酉 3	술	주	氵 汇 酒 酒

사자성어

▶ 安貧樂道(안빈낙도) : 구차하고 궁색하면서도 그것에 구속되지 않고 평안(平安)하게 즐기는 마음으로 살아감.

단어정리

賣買: 팔고 삼
埋沒: 파묻음
媒介: 중간에서 관계를 맺어줌
梅實: 매화나무 열매
麥酒: 보리로 만든 술

한자	부수 / 획수	훈	음	필순
孟	子 5	첫	맹	了 子 孟 孟
春	日 5	봄	춘	三 夫 春 春
猛	犭 8	사나울	맹	ノ 犭 猛 猛
烈	火 6	세찰	렬	歹 列 列 烈
盟	皿 8	맹세	맹	日 明 盟 盟
約	糸 3	약속	약	糸 糹 約 約
盲	目 3	먼눈	맹	亠 亡 盲 盲
目	目 0	눈	목	丨 冂 月 目
免	儿 5	벗어날	면	𠂊 免 免 免
疫	疒 4	전염병	역	广 疒 疒 疫

사자성어 ▶ 四顧無親(사고무친) : 사방을 돌아보아도 친척이 없다는 뜻으로, 의지할만한 사람이 아무도 없다는 말.

단어정리

孟春: 초봄

猛烈: 기세가 몹시 사납고 세참

盟約: 굳게 맹세하여 약속함 또는 그 약속

盲目: 먼눈; 어두운 눈

免疫: 어떤 전염병 질병에 잘 걸리지 않는 저항력을 갖는 일

한자	부수·획수	훈음	필순
勉	力 7	힘쓸 면	⺈ 缶 免 勉
勵	力 15	힘쓸 려	厂 厲 厲 勵
面	面 0	낯 면	一 丆 而 面
識	言 12	알 식	言 諳 識 識
綿	糸 8	솜 면	糸 絈 綿 綿
絲	糸 6	실 사	糸 絲 絲 絲
滅	氵 10	멸망할 멸	氵 汇 泧 滅
亡	亠 1	멸할 망	' 亠 亡
名	口 3	이름 명	ノ ク 夕 名
譽	言 14	명예 예	⺊ 與 與 譽

사자성어

▶ 刻舟求劍(각주구검) : 칼을 강물에 떨어뜨리자 뱃전에 그 자리를 표시했다가 나중에 그 칼을 찾으려 한다는 뜻으로, 판단력이 둔하여 세상일에 어둡고 어리석다는 뜻.

단어정리

勉勵: 힘써 함
面識: 얼굴을 서로 앎
綿絲: 무명실; 솜과 실
滅亡: 망하여 없어짐
名譽: 세상 사람들로부터 받는 높은 평가와 이에 따르는 영

한자	부수·획수	훈	음	필순
明	日 4	밝을	명	日 盯 明 明
暗	日 9	어두울	암	日 暗 暗 暗
冥	冖 8	어두울	명	冖 冒 冥 冥
福	示 9	복	복	礻 福 福 福
銘	金 6	새길	명	金 釸 釸 銘
心	心 0	마음	심	丶 心 心 心
暮	日 11	저물	모	艹 莫 莫 暮
景	日 8	경치	경	日 旦 景 景
母	毋 0	어미	모	乚 母 母 母
親	見 9	친할	친	立 親 親 親

사자성어

▶ 權謀術數(권모술수) : ① 목적 달성을 위해 인정사정을 가리지 않고 권세와 모략 · 중상 등 갖은 방법과 수단을 쓰는 술책 ② 상황에 따라 능수능란하게 대처하는 수완.

단어정리

明暗: 밝음과 어두움
冥福: 죽은 뒤에 저승에서 받는 행복
銘心: 마음에 깊이 새김
暮景: 해질 녘의 풍경
母親: 어머니

한자	부수/획수	훈	음	필순
毛	毛 0	털	모	一 二 三 毛
髮	髟 5	머리	발	镸 髟 髣 髮
侮	人 7	업신여길	모	亻 仁 侮 侮
辱	辰 3	욕	욕	厂 辰 辱 辱
冒	冂 7	무릅쓸	모	冂 冃 冒 冒
險	阝 13	험할	험	阝 阝 險 險
募	力 11	뽑을	모	艹 苜 莫 募
集	隹 4	모일	집	亻 隹 隼 集
模	木 11	법	모	木 栉 模 模
範	竹 9	법	범	竺 筆 範 範

사자성어

▶ 守株待兎(수주대토) : 그루터기를 지켜 토끼를 기다린다는 뜻으로 고지식하고 융통성이 없어 구습과 전례만 고집함.

단어정리

毛髮: 머리털; 사람에 있는 터럭의 총칭
侮辱: 깔보아서 업신여기고 모욕함
冒險: 위험을 무릅쓰고 시도함
募集: 필요한 사람이나 물품을 구하여 모음
模範: 본받아 배울 만한 본보기

한자	부수·획수	훈	음	필순
牧	牛 4	목장	목	⺊ 牜 牞 牧
童	立 7	아이	동	亠 音 音 童
夢	夕 11	꿈	몽	艹 苗 茜 夢
寐	宀 9	잘	매	宀 寀 寐 寐
蒙	艹 10	어두울	몽	艹 芦 蒙 蒙
昧	日 5	어두울	매	日 旪 昁 昧
妙	女 4	묘할	묘	女 奵 妙 妙
策	竹 6	꾀	책	⺮ 竺 笧 策
墓	土 11	무덤	묘	艹 苜 莫 墓
地	土 3	땅	지	十 土 圵 地

사자성어

▶ 識字憂患(식자우환) : 글자를 아는 것이 오히려 근심이 된다는 뜻으로 알기는 알아도 똑바로 잘 알고 있지 못하기 때문에 그 지식이 오히려 걱정거리가 됨.

단어정리

牧童: 마소나 양을 치는 아이
夢寐: 잠을 자며 꿈을 꿈
蒙昧: 어리석고 어두움
妙策: 매우 교묘한 꾀; 절묘한 계책
墓地: 무덤이 있는 땅 또는 그 구역

한자	부수 / 획수	훈	음	필순
武	止 4	굳셀	무	二 亍 正 武
事	亅 7	일	사	一 一 耳 事
無	火 8	없을	무	𠂉 無 無 無
雙	隹 10	견줄	쌍	隹 雔 雙 雙
茂	艹 5	무성할	무	艹 芦 茂 茂
盛	皿 7	성할	성	厂 成 盛 盛
貿	貝 5	바꿀	무	卯 留 留 貿
易	日 4	바꿀	역	日 月 昜 易
霧	雨 11	안개	무	雨 雺 霧 霧
散	攵 8	가루약	산	艹 昔 散 散

사자성어

▶ 緣木求魚(연목구어) : 나무에 올라 물고기를 구한다라는 뜻으로, 목적이나 수단이 일치하지 않아 성공 불가능함, 또는 허술한 계책으로 큰일을 도모(圖謀)함을 일컬음.

단어정리

武事: 군대나 전쟁 따위에 관한 일
無雙: 견줄만한 짝이 없다
茂盛: 풀이나 나무가 우거짐
貿易: 외국과 장사 거래를 함
霧散: 안개가 걷히는 것처럼 흔적도 없이 사라짐

한자	부수 / 획수	훈	음	필순
墨	土 12	먹	묵	罒 里 黑 墨
畵	田 7	그림	화	⺕ 聿 畫 畵
問	口 8	물을	문	𠃌 門 問 問
安	宀 3	편안할	안	宀 㝉 安 安
文	文 0	글자	문	' 亠 ㇀ 文
字	子 3	글자	자	' 宀 字 字
味	口 5	맛	미	口 口一 味 味
覺	見 13	깨달을	각	𦥑 𦥯 𦥯 覺
未	木 1	아닐	미	一 二 丰 未
熟	火 11	익을	숙	享 孰 孰 熟

사자성어 ▶ 以卵擊石(이란격석) : 계란으로 돌을 치듯 약한 것으로 강한 것을 당해 내려는 일을 비유함.

단어정리

墨畵: 먹으로 그린 동양화
問安: 웃어른의 안부를 물음
文字: 글자
味覺: 오감의 하나로 맛을 느끼는 감각
未熟: 덜 성숙함

한자	부수·획수	훈음	필순
美	羊 3	아름다울 미	䒑 𦍌 羊 美
貌	豸 7	얼굴 모	⺈ 豸 豸白 貌
微	彳 10	작을 미	彳 彳山 彳山攵 微
物	牛 4	만물 물	牜 牜 牜勹 物
眉	目 4	눈썹 미	丿 尸 𡰯 眉
間	門 4	사이 간	冂 門 門 間
迷	辶 6	헤맬 미	木 米 米 迷
路	足 6	길 로	𧾷 𧾷夂 𧾷各 路
民	氏 1	백성 민	㇕ コ 巳 民
亂	乙 12	어지러울 란	爫 爫冂 𤔔 亂

사자성어

▶ 走馬看山(주마간산) : '말을 타고 달리면서 산을 바라본다'는 뜻으로, 자세히 살펴보지 않고 대강 보고 지나감을 이름.

단어정리

美貌: 아름다운 용모

微物: 작고 보잘 것 없는 물건; 변변치 못한 인간을 비유하는 말

眉間: 눈썹과 눈썹 사이

迷路: 한 번 들어가면 드나드는 곳이나 방향을 알 수 없게 된 길

民亂: 폭정 따위에 항거하여 일반 백성이 일으키는 소요

한자	부수/획수	훈·음	필순
敏	攴 7	민첩할 **민**	𠂉 每 敂 敏
捷	扌 8	빠를 **첩**	扌 扫 捷 捷
密	宀 8	빽빽할 **밀**	宀 宓 密 密
林	木 4	수풀 **림**	十 木 村 林
蜜	虫 8	꿀 **밀**	宀 宓 蜜 蜜
蜂	虫 7	벌 **봉**	虫 蚪 蜂 蜂
博	十 10	넓을 **박**	十 博 博 博
學	子 13	학문 **학**	𦥑 學 學 學
拍	扌 5	칠 **박**	扌 扌' 拍 拍
手	手 0	손 **수**	一 二 三 手

사자성어 ▶ 進退兩難(진퇴양난) : 나아갈 수도 물러설 수도 없는 궁지에 빠짐.

단어정리

敏捷: 잽싸고 날램

密林: 큰 나무들이 빽빽하게 들어선 수풀

蜜蜂: 꿀벌

博學: 학식이 넓고 아는 것이 많음

拍手: 손뼉을 침

한자	부수	획수	훈	음	필순
薄	艹	13	얇을	박	艹 䒢 蒲 薄
待	彳	6	대접할	대	彳 彳 待 待
半	十	3	반	반	八 亼 亾 半
島	山	7	섬	도	白 自 鳥 島
飯	食	4	밥	반	𠆢 飠 飯 飯
酒	酉	3	술	주	氵 汇 洒 酒
伴	人	5	짝	반	亻 仆 佇 伴
侶	人	7	짝	려	亻 伊 伊 侶
叛	又	7	배반할	반	半 叛 叛 叛
逆	辶	6	거스를	역	丷 屰 逆 逆

사자성어 ▶ 厚顔無恥(후안무치) : 얼굴이 두껍고 부끄러움이 없다라는 뜻으로 뻔뻔스러워 부끄러워할 줄 모름.

단어정리

薄待: 불친절한 대우

半島: 한쪽만 육지에 닿고 다른 쪽은 바다에 쌓인 땅

飯酒: 식사 때 곁들여 마시는 술

伴侶: 짝이 되는 친구

叛逆: 정부를 배반하고 나라를 어지럽힘

한자	부수/획수	뜻·음	필순
盤	皿 10	기초 반	舟 般 盤 盤
石	石 0	돌 석	一 丆 石 石
返	辶 4	돌려보낼 반	厂 反 反 返
還	辶 13	돌아올 환	罒 罒 睘 還
發	癶 7	밝힐 발	癶 癶 發 發
汗	氵 3	땀날 환	氵 汇 汗 汗
拔	扌 5	가릴 발	扌 扌 拔 拔
擢	扌 14	뽑을 탁	扌 扌 扌 擢
放	攴 4	놓을 방	方 方 放 放
任	人 4	마음대로할 임	亻 亻 仟 任

사자성어 ▶ 雪上加霜(설상가상) : 눈 위에 또 서리가 내린다는 뜻으로, 어려운 일이 겹침을 이름.

단어정리

盤石: 일 또는 사물이 매우 견고함을 이름; 너럭바위
返還: 사람이나 물건을 돌려보냄
發汗: 땀이 남
拔擢: 많은 사람 가운데서 특별히 사람을 뽑아 씀
放任: 간섭하지 않고 내버려 둠

한자	부수·획수	훈음	필순
方	方 0	길 방	' 亠 ナ 方
途	辶 7	길 도	𠆢 余 涂 途
防	阝 4	막을 방	阝 阝亠 阝方 防
止	止 0	그칠 지	丨 卜 屮 止
倣	人 8	본뜰 방	亻 仿 仿 倣
效	攴 6	본받을 효	亠 交 效 效
傍	人 10	곁 방	亻 亻亠 亻立 傍
觀	見 18	볼 관	卄 雚 雚 觀
妨	女 4	방해할 방	女 女亠 妨 妨
害	宀 7	훼방할 훼	宀 宇 害 害

사자성어

▶ 易地思之(역지사지) : 처지를 서로 바꾸어 생각함이란 뜻으로 상대방의 처지에서 생각해봄.

단어정리

方途: 어떤 일을 치러나갈 길이나 방법
防止: 어떤 일이 일어나지 않도록 막음
倣效: 그대로 본받음
傍觀: 그 일에 관여치 않고 보고만 있음
妨害: 남의 일을 막아 해롭게 함

한자	부수	획수	뜻	음	필순
芳	艹	4	꽃	방	艹 艹 芀 芳
年	干	3	해	년	丿 𠂉 仁 年
拜	手	5	절	배	三 手 拝 拜
謁	言	9	뵐	알	言 訁 謁 謁
倍	人	8	곱	배	亻 位 倍 倍
數	文	11	셈	수	申 婁 數 數
培	土	8	북돋을	배	土 垃 培 培
養	食	6	기를	양	丷 羊 养 養
排	扌	8	밀칠	배	扌 扌 排 排
斥	斤	1	물리칠	척	厂 斤 斤 斥

사자성어 ▶ 敬而遠之(경이원지) : 공경하되 그것을 멀리 함.

단어정리

芳年: 20세 전후의 꽃다운 나이

拜謁: 삼가 만나 뵘; 높은 어른에게 뵘

倍數: 갑절의 수

培養: 식물 등을 가꾸어 기름; 인재를 길러냄

排斥: 반대하여 밀치어 내침

한자	부수 / 획수	뜻	음	필순
背	月 5	뒤	배	ㅋ ㅋㄷ 背 背
景	日 8	경치	경	曰 旦 昌 景
輩	車 8	견줄	배	ㅋ 非 輩 輩
出	凵 3	나타낼	출	凵 中 出 出
配	酉 3	짝	배	西 酉 酌 配
偶	人 9	무리	우	亻 但 偶 偶
伯	人 5	큰아버지	백	亻 亻' 伯 伯
父	父 0	아비	부	ノ 八 父 父
番	田 7	번호	번	一 釆 番 番
號	虍 7	번호	호	口 号 號 號

사자성어 ▶ 苦盡甘來(고진감래) : ‘쓴 것이 다하면 단 것이 온다’라는 뜻으로 고생 끝에 낙이 온다는 말.

단어정리

背景: 뒤쪽의 경치; 무대의 안쪽 벽에 그린 그림 또는 무대장치; 사진이나 그림 등에서 그 주요 제재 뒤편에 펼쳐진 부분; 작품의 시대적 역사적인 환경

輩出: 인재가 잇달아 나옴

配偶: 짝 ; 부부

伯父: 큰아버지

番號: 차례를 표시하는 숫자와 부호

한자	부수/획수	훈음	필순
煩	火 9	번민할 번	火 火一 煩 煩
悶	心 8	고민할 민	尸 門 悶 悶
繁	糸 11	성할 번	每 敏 緐 繁
昌	日 4	창성할 창	日 昌 昌 昌
飜	飛 12	번역 번	釆 番 飜 飜
譯	言 13	번역할 역	言 言罒 譯 譯
伐	人 4	벨 벌	亻 亻一 伐 伐
木	木 0	나무 목	一 十 才 木
罰	罒 9	벌 벌	罒 詈 罰 罰
責	貝 4	꾸짖을 책	十 丰 青 責

사자성어

▶ 口蜜腹劍(구밀복검) : 입으로는 달콤함을 말하나 뱃속에는 칼을 감추고 있다는 뜻으로 겉으로는 친절하나 마음속은 음흉함.

단어정리

煩悶: 몹시 괴로워함

繁昌: 초목이 무성함; 번영하고 창성함

飜譯: 글이나 말을 다른 나라의 것으로 옮김

伐木: 나무를 벰

罰責: 죄를 범한 자를 처벌하는 규칙

한자	부수·획수	훈	음	필순
凡	几 1	범상할	범	丿 几 凡
夫	大 1	지아비	부	一 二 夫 夫
犯	犭 2	범죄	범	ノ 犭 犯 犯
罪	罒 8	허물	죄	罒 罪 罪 罪
法	氵 5	법	법	氵 汁 汢 法
律	彳 6	법	률	彳 律 律 律
碧	石 9	푸를	벽	王 珀 碧 碧
山	山 0	메	산	丨 山 山 山
變	言 16	변할	변	糸 䜌 變 變
遷	辶 12	옮길	천	覀 䙴 遷 遷

사자성어

▶ 百折不撓(백절불요) : 백 번 꺾여도 휘지 않는다는 뜻으로 실패를 거듭해도 뜻을 굽히지 않음.

단어정리

凡夫: 평범한 사람; 보통사람

犯罪: 죄를 지음 또는 지은죄

法律: 국민이 지켜야 할 나라의 규율

碧山: 푸른산; 청산

變遷: 세월이 흐르는 동안에 변하여 달라짐

한자	부수·획수	훈음	필순
辨	辛 9	분별할 변	辛 判 辨 辨
別	刀 5	나눌 별	口 另 別 別
辯	辛 9	웅변 변	辛 辛 辯 辯
論	言 8	논할 론	言 訃 論 論
邊	辶 15	변방 변	自 臱 臱 邊
境	土 11	경계 경	土 垃 培 境
兵	八 5	싸움 병	厂 斤 丘 兵
器	口 13	도구 기	吅 哭 器 器
竝	立 5	나란히설 병	亠 立 竝 竝
立	立 0	설 립	亠 亣 立 立

사자성어

▶ 七顚八起(칠전팔기) : 일곱 번 넘어져도 여덟 번째 일어난다는 뜻으로 실패를 거듭하여도 굴하지 않고 다시 일어섬.

단어정리

辨別: 서로 다른 점을 구별함; 식별
辯論: 옳고 그름을 따짐
邊境: 변두리 지경; 국경지역
兵器: 전쟁에 쓰는 기구의 속칭
竝立: 나란히 섬; 둘 이상의 일이 같이 생김

한자	부수/획수	훈음	필순
保	人 7	지킬 보	亻 伻 保 保
護	言 14	지킬 호	言 訁 譁 護
報	土 9	알릴 보	幸 幸 郣 報
道	辶 9	말할 도	丷 首 渞 道
步	止 4	걸을 보	丨 止 牛 步
行	行 0	다닐 행	丿 彳 行 行
寶	宀 17	보배 보	宀 寶 寶 寶
物	牛 4	만물 물	牛 牛 物 物
普	日 8	보편 보	丷 並 普 普
遍	辶 9	두루 편	戶 扁 遍 遍

사자성어 ▶ 敗家亡身(패가망신) : 가산을 탕진하고 몸을 망침.

단어정리

保護: 위험 따위로부터 약한 것을 잘 돌보아 지킴
報道: 신문 방송등의 뉴스; 고하여 알림
步行: 걸어가는 일; 걷기
寶物: 보배로운 물건; 썩 드물고 귀한 물건
普遍: 모든 것에 두루 미치거나 포함

한자	부수·획수	훈음	필순
補	衤 7	고칠 보	衤 衦 補 補
修	人 8	닦을 수	亻 亻 攸 修
伏	人 4	숨을 복	亻 仁 伏 伏
兵	八 5	군사 병	厂 斤 丘 兵
復	彳 9	돌아갈 복	彳 彳 復 復
古	口 2	예 고	一 十 古 古
服	月 4	옷 복	月 肙 服 服
裝	衣 7	차림 장	爿 壯 裝 裝
福	示 9	복 복	礻 祀 福 福
利	刀 5	이로울 리	千 禾 利 利
사자성어	▶ 結者解之(결자해지) : '일을 맺은 사람이 풀어야 한다'는 뜻으로 일을 저지른 사람이 그 일을 해결해야 한다는 말.		

단어정리

補修: 상했거나 부서진 부분을 손질하여 고침

伏兵: 적을 불시에 치기 위해 요긴한 목에 군사를 숨겨둠

復古: 옛날 모양대로 돌아감

服裝: 옷 또는 옷차림

福利: 생활면에서 만족감을 느낄만한 이로운 일

한자	부수·획수	훈	음	필순
腹	月 9	배	복	月 肞 脜 腹
部	邑 8	분류	부	立 音 部 部
複	衤 9	겹칠	복	衤 衤 袹 複
數	支 11	셈	수	曲 婁 數 數
奉	大 5	바칠	봉	一 三 夫 奉
獻	犬 16	드릴	헌	广 虍 獻 獻
逢	辶 7	만날	봉	夂 夆 逢 逢
着	目 7	붙을	착	䒑 𦍌 差 着
封	寸 6	봉할	봉	土 圭 封 封
爵	爪 14	벼슬	작	爫 爫 爵 爵

사자성어

▶ 鯨戰蝦死(경전하사) : 고래 싸움에 새우가 죽는다는 뜻으로 강자끼리 싸우는 틈에 끼여 약자가 아무런 상관 없이 화를 입는다는 말.

단어정리

腹部: 배부분

複數: 둘 이상의 수

奉獻: 신불이나 존귀한 분에게 물건을 바침

逢着: 서로 맞닥뜨림

封爵: 제후에게 영지를 주고 관직을 내리던 일

한자	부수·획수	훈음	필순
峰	山 7	봉우리 봉	山 岾 峯 峰
頂	頁 2	꼭대기 정	丁 丆 頂 頂
鳳	鳥 3	봉새 봉	几 凬 鳯 鳳
枕	木 4	베개 침	木 朾 枕 枕
否	口 4	아닐 부	一 不 否 否
認	言 7	허가할 인	言 訒 認 認
富	宀 9	넉넉할 부	宀 宀 富 富
裕	衤 7	넉넉할 유	衤 衤 裕 裕
扶	扌 4	도울 부	扌 扌 扶 扶
助	力 5	도울 조	月 且 助 助

사자성어

▶ 鷄卵有骨(계란유골) : 계란에도 뼈가 있다는 속담으로, 복이 없는 사람은 아무리 좋은 기회를 만나도 덕을 못 본다는 말.

단어정리

峰頂: 산봉우리의 맨 꼭대기
鳳枕: 봉황의 모양을 수놓은 베개
否認: 인정하지 아니함
富裕: 재산이 넉넉함
扶助: 남을 도와줌

한자	부수	획수	훈	음	필순
浮	氵	7	뜰	부	氵 氵爫 浮 浮
游	氵	9	뜰	유	氵 汸 㳺 游
副	刀	9	버금	부	一 冖 畐 副
食	食	0	먹을	식	𠆢 今 食 食
府	广	5	곳집	부	广 庁 府 府
庫	广	7	곳집	고	广 肩 庫 庫
符	竹	5	증거	부	⺮ 竹 符 符
信	人	7	믿을	신	亻 仁 信 信
簿	竹	13	장부	부	⺮ 笵 簿 簿
記	言	3	적을	기	言 訂 訂 記

사자성어 ▶ 空中樓閣(공중누각) : ‘공중에 세워진 누각’이란 뜻으로 근거가 없는 가공의 사물.

단어정리

浮游: 공중이나 물위에 떠다님; 정처 없이 떠돌아다님
副食: 주식에 곁들여 먹는 음식물, 반찬 따위
府庫: 곳집; 창고
符信: 나무 조각이나 두꺼운 종잇조각에 글자를 쓰고 증인을 찍은 뒤에 두 조각으로 쪼개어 서로 하나씩 나누어 가졌다가 뒷날 서로 맞추어서 증거로 삼는 물건
簿記: 장부에 기입함; 날마다 출납의 기입 정리를 하는 회계 방법

한자	부수	획수	훈	음	필순
腐	肉	8	썩을	부	广 府 腐 腐
敗	攴	7	썩을	패	目 貝 敗 敗
負	貝	2	업을	부	⺈ 負 負 負
擔	扌	13	멜	담	扌 扩 擔 擔
賦	貝	8	조세	부	貝 賦 賦 賦
役	彳	4	일	역	彳 役 役 役
赴	走	2	다다를	부	土 卡 走 赴
任	人	4	맡길	임	亻 仁 任 任
北	匕	3	북녘	북	丨 丬 北 北
方	方	0	방위	방	' 亠 方 方

사자성어

▶ 矯角殺牛(교각살우) : '쇠뿔을 바로 잡으려다 소를 죽인다'라는 뜻으로, 결점이나 흠을 고치려다 수단이 지나쳐 도리어 일을 그르침.

단어정리

腐敗: 썩어서 못쓰게 됨

負擔: 짐을 짐; 어떤 책임이나 의무를 짐

賦役: 국민에게 의무적으로 책임 지우는 노역

赴任: 임명을 받아 임지에 이름

北方: 북쪽; 북녘

한자	부수·획수	훈	음	필순
分	刀 2	나눌	분	丿 八 分 分
解	角 6	흩어질	해	⺈ 角 觓 解
墳	土 12	무덤	분	土 坩 墳 墳
墓	土 11	무덤	묘	艹 苩 莫 墓
奔	大 5	분주할	분	大 夲 奎 奔
走	走 0	달릴	주	土 丰 走 走
奮	大 13	휘두를	분	大 夵 奞 奮
戰	戈 12	싸울	전	罒 單 戰 戰
憤	忄 12	분할	분	忄 忙 憤 憤
慨	忄 11	분개할	개	忄 怚 慨 慨

사자성어

▶ 金枝玉葉(금지옥엽) : '금 가지에 옥 잎사귀'란 뜻으로, ① 임금의 자손(子孫)이나 매우 귀한 집의 자손(子孫) ② 아름다운 구름을 고운 초목 ③ 가장 귀중(貴重)한 건(物件).

단어정리

分解: 결합되어 있는 것이 따로따로 갈라짐
墳墓: 무덤
奔走: 매우 바쁨
奮戰: 힘껏 싸움
憤慨: 그럴 수가 없다고 매우 분하게 여김

한자	부수·획수	훈음	필순
粉	米 4	가루 분	米 粁 粉 粉
末	木 1	끝 말	一 二 丰 末
紛	糸 4	어지러울 분	糸 紒 紛 紛
亂	乙 12	어지러울 난	爫 𠬪 𤔔 亂
不	一 3	아니 불	一 丆 不 不
利	刀 5	이로울 리	千 禾 利 利
佛	人 5	부처 불	亻 伄 伄 佛
塔	土 10	탑 탑	土 垬 塔 塔
朋	月 4	벗 붕	月 朋 朋 朋
友	又 2	벗 우	一 ナ 方 友

사자성어

▶ 獨掌不鳴(독장불명) : 손바닥도 마주쳐야 소리가 난다는 속담의 한역으로 맞서는 이가 없으면 싸움이 되지 않음을 이르는 말.

단어정리

粉末: 가루

紛亂: 복잡하고 소란스러움

不利: 이롭지 아니함

佛塔: 절에 세운 탑

朋友: 벗; 친구

한자	부수/획수	뜻	음	필순
崩	山 8	죽을	붕	屮 岸 崩 崩
御	彳 9	임금경칭	어	彳 徉 御 御
備	人 10	채울	비	亻 俳 俻 備
品	口 6	물건	품	ㅣ 口 吕 品
比	比 0	견줄	비	ト 上 比 比
較	車 6	비교할	교	亘 車 軡 較
悲	心 8	슬플	비	彐 非 非 悲
劇	刀 13	연극	극	广 虍 豦 劇
非	非 0	나무랄	비	彐 刲 非 非
難	隹 11	어려울	난	艹 堇 鄞 難

사자성어 ▶ 同價紅裳(동가홍상) : '같은 값이면 다홍치마'라는 뜻으로, 같은 조건이라면 좀 더 낫고 편리한 것을 택함.

단어정리

崩御: 임금이 죽음
備品: 비치하는 물품
比較: 둘이상의 사물을 서로 견주어 봄
悲劇: 비참한 사건; 주인공의 비운을 다룬 연극
非難: 남의 잘못이나 흉을 나무람

한자	부수 / 획수	훈	음	필순
飛	飛 0	날	비	㇈ 飞 飛 飛
躍	足 14	뛸	약	𧾷 跙 跙 躍
鼻	鼻 0	코	비	自 畠 畠 鼻
孔	子 1	구멍	공	乛 了 子 孔
卑	十 6	천할	비	由 由 甶 卑
賤	貝 8	천할	천	貝 貝 賤 賤
妃	女 3	왕비	비	女 女 妃 妃
嬪	女 14	아내	빈	女 女 嫔 嬪
婢	女 8	계집종	비	女 婢 婢 婢
僕	人 12	종	복	亻 僕 僕 僕

사자성어

▶ 燈下不明(등하불명) : ‘등잔 밑이 어둡다’는 뜻으로 ① 가까이 있는 것이 도리어 알아내기 어려움을 이르는 말 ② 남의 일은 잘 알 수 있으나 제 일은 자기(自己)가 잘 모른다는 말.

단어정리

飛躍: 높이 뛰어오름; 지위가 갑자기 높아짐

鼻孔: 콧구멍

卑賤: 낮고 천한 신분

妃嬪: 왕비와 빈궁

婢僕: 계집종과 사내종

한자	부수·획수	훈	음	필순
批	扌 4	비평할	비	扌 扗 扗 批
批	刀 5	판정될	판	八 㒳 半 判
碑	石 8	비문	비	石 砷 砷 碑
石	石 0	돌	석	一 丆 石 石
秘	禾 5	숨길	비	禾 秎 秎 秘
方	月 4	모	방	' 亠 方 方
肥	月 4	살찔	비	月 肌 肥 肥
滿	氵 11	찰	만	氵 浐 湍 滿
費	貝 5	쓸	비	弓 弗 費 費
用	用 0	쓸	용	丿 冂 月 用

사자성어 ▶ 法遠拳近(법원권근) : 법은 멀고 주먹은 가깝다.

단어정리

批判: 비평하여 판정함; 규정; 평가함

碑石: 사적을 기념하기 위해 글을 새겨서 세운돌

秘方: 비밀한 방법; 알려지지 않은 약방문

肥滿: 살이 쪄서 몸이 뚱뚱함

費用: 드는 돈; 쓰이는 돈

한자	부수·획수	훈음	필순
貧	貝 4	가난할 **빈**	八 分 貧 貧
困	口 4	곤할 **곤**	冂 冃 困 困
賓	貝 7	손 **빈**	宀 宊 宩 賓
客	宀 6	손 **객**	宀 夊 客 客
頻	頁 7	자주 **빈**	步 步 頻 頻
度	广 6	셀 **도**	广 庐 度 度
氷	水 1	얼음 **빙**	亅 丬 氵 氷
山	山 0	메 **산**	丨 山 山 山
聘	耳 7	찾을 **빙**	耳 聃 聘 聘
禮	示 13	예 **례**	礻 禮 禮 禮

사자성어 ▶ 生口不網(생구불망) : 산 사람의 목구멍에 거미줄 치지 않는다.

단어정리

貧困: 가난해서 살림이 군색함; 필요한 것이 없거나 부족함

賓客: 손님

頻度: 도수가 잦음

氷山: 바다에 떠있는 얼음 덩어리

聘禮: 물품을 선사하는 의례

한자	부수·획수	훈음	필순
事	亅 7	일 사	一 𠮛 亊 事
件	人 4	건 건	亻 仁 仵 件
仕	人 3	벼슬 사	亻 仁 什 仕
途	辶 7	길 도	人 余 涂 途
使	人 6	부릴 사	亻 仁 佰 使
役	彳 4	일 역	彳 彸 役 役
史	口 2	사기 사	冂 口 中 史
料	斗 6	헤아릴 료	半 米 米 料
士	士 0	선비 사	一 二 士
林	木 4	성 림	十 木 朩 林

사자성어

▶ 烏飛梨落(오비이락) : '까마귀 날자 배 떨어진다'는 뜻으로, 아무런 관계도 없이 한 일이 공교롭게 다른 일과 때가 일치해 혐의를 받게 됨.

단어정리

事件: 일; 일거리; 뜻밖에 일어난 일
仕途: 벼슬길
使役: 부리어 일을 시킴
史料: 역사의 연구나 편찬에 필요한 재료
士林: 선비들의 세계

한자	부수·획수	훈음	필순
寺	寸 3	절 사	十 土 寺 寺
院	阝 7	절 원	阝 阝 阝 院
射	寸 7	쏠 사	亻 自 身 射
手	手 0	손 수	一 二 三 手
師	巾 7	스승 사	白 𠂤 𠂤 師
表	衤 3	표 표	丰 丰 表 表
思	心 5	생각할 사	日 田 田 思
慮	心 11	생각할 려	广 虍 虐 慮
死	夕 2	죽을 사	一 歹 歹 死
力	力 0	힘 력	𠃌 力

사자성어

▶ 牛耳讀經(우이독경) : '쇠귀에 경 읽기'란 뜻으로, 우둔한 사람은 아무리 가르치고 일러주어도 알아듣지 못함을 비유(比喩)하여 이르는 말.

단어정리

寺院: 절
射手: 활 또는 총을 쏘는 사람
師表: 학식과 인격이 높아 남의 모범이 될 만한 사람
思慮: 여러 가지 생각; 깊은 생각
死力: 죽기를 무릅쓰고 쓰는 힘

한자	부수·획수	훈	음	필순
私	禾 2	사사로이	사	千 禾 私 私
見	見 0	견해	견	冂 目 目 見
舍	舌 2	집	사	𠆢 亼 仐 舍
宅	宀 3	살	택	宀 宀 宀 宅
謝	言 10	사례할	사	言 謝 謝 謝
恩	心 6	은혜	은	因 因 恩 恩
司	口 2	맡을	사	𠃌 ㇆ 司 司
會	曰 9	모일	회	𠆢 亼 會 會
寫	宀 12	본뜰	사	宀 寫 寫 寫
眞	目 5	화상	진	匕 旨 眞 眞

사자성어 ▶ 遠族近隣(원족근린) : 먼 친척은 가까운 이웃만 못함.

단어정리

私見: 자기 혼자의 의견; 개인적인 의견

舍宅: 거주하는 집의 존칭

謝恩: 입은 은혜에 대해 사례함

司會: 회의 등의 진행을 맡아봄; 또는 그 사람

寫眞: 실물의 모양을 있는 그대로 그려냄; 사진기로 물체의 형태를 촬영하여 인화지에 인화한 것

한자	부수	획수	훈	음	필순
斜	斗	7	비낄	사	𠆢 余 斜 斜
陽	阝	9	해	양	阝 阝ᄆ 陽 陽
斯	斤	8	이	사	甘 其 斯 斯
道	辶	9	순할	도	䒑 首 道 道
查	木	5	조사할	조	木 杏 查 查
察	宀	11	살필	찰	宀 宊 察 察
沙	氵	4	모래	사	氵 沙 沙 沙
漠	氵	11	사막	막	氵 汁 漠 漠
社	示	3	단체	사	礻 社 社 社
會	曰	9	모일	회	𠆢 亼 會 會

사자성어

▶ 耳懸鈴鼻懸鈴(이현령비현령) : 귀에 걸면 귀걸이 코에 걸면 코걸이라는 뜻으로 ① 정해진 것이 없어 둘러대기에 따라 다르다는 말 ② 하나의 사물이 양쪽에 관련되어 어느 한쪽으로 결정짓기가 어렵다.

단어정리

斜陽: 서쪽으로 기울어진 해
斯道: 공자와 맹자의 가르침; 유교의 도덕
查察: 조사하여 살핌; 살피어 조사함
沙漠: 기후가 매우 건조하여 생물이 거의 자라지 못하는 모래와 자갈로 된 땅
社會: 온갖 형태의 인간의 집단적 생활; 서로 협력하여 공동생활을 하는 조직의 단체

한자	부수·획수	훈음	필순
蛇	虫 5	별이름 사	口 虫 虻 蛇
足	足 0	보탤 족	口 ⻊ 𧾷 足
詐	言 5	속일 사	言 訁 訂 詐
取	又 6	취할 취	耳 耳 取 取
辭	辛 12	사퇴할 사	爫 𤔔 辭 辭
退	辶 6	물러날 퇴	艮 艮 退 退
邪	邑 4	간사할 사	匚 牙 邪 邪
氣	气 6	기운 기	𠂉 气 氣 氣
削	刀 7	깎을 삭	小 肖 削 削
減	氵 9	덜 감	氵 氵 減 減

사자성어

▶ 一字百金(일자백금) : '한 글자의 값어치가 백금이다'라는 뜻으로 지극히 가치 있는 문장이나 말을 일컬음.

단어정리

蛇足: 쓸데없는 군더더기를 덧붙임을 말함

詐取: 남을 속이어 빼앗음

辭退: 겸양하여 물러남

邪氣: 부정한 기운; 나쁜 기운

削減: 깎아서 줄임

한자	부수·획수	훈음	필순
朔	月 6	북녘 삭	䒑 䒑 屰 朔
風	風 0	바람 풍	丿 几 凧 風
散	攴 8	한산할 산	艹 昔 散 散
亂	乙 12	어지러울 난	爫 乛 𤔔 亂
産	生 6	낳을 산	亠 立 产 産
母	毋 1	어미 모	乚 口 母 母
算	竹 8	셀 산	⺮ 笪 笪 算
術	行 5	업 술	彳 徘 徘 術
殺	殳 7	죽일 살	ㄨ 杀 杀 殺
菌	艹 8	균 균	艹 艹 菌 菌

사자성어 ▶ 積土成山(적토성산) : 흙이 쌓여 산이 된다는 말로 작은 것도 많이 모이면 커진다.

단어정리

朔風: 북풍 ; 매섭게 추운 바람

散亂: 정신이 어수선함 ; 흩어져 어지러움

産母: 아기를 낳은 어머니

算術: 계산하는 방법 ; 초등수학

殺菌: 병균을 죽임

한자	부수/획수	훈·음 / 필순
三	一 2	세번 **삼** 一 二 三
權	木 18	권세 **권** 木 木艹 木卝 權
傷	人 11	다칠 **상** 亻 亻𠂉 亻⺊ 傷
處	虍 5	머무를 **처** ⺊ 虍 虚 處
喪	口 9	잃을 **상** 吅 吅 喪 喪
心	心 0	마음 **심** 丶 心 心 心
商	口 8	장사 **장** 艹 莽 莽 葬
店	广 5	전방 **점** 亠 广 庐 店
常	巾 8	범상 **상** ⺌ 尚 常 常
情	忄 8	인정 **정** 丷 忄 情 情
사자성어	▶ 咸興差使(함흥차사) : 한번 간 사람이 돌아오지 않거나 소식이 없음.	

단어정리

三權: 국가 권력을 입법 사법 행정으로 삼분함
傷處: 다친자리
喪心: 근심 걱정으로 마음이 상함
商店: 가게
常情: 보통 사람의 인정

한자	부수/획수	훈음	필순
想	心 9	생각할 상	木 相 相 想
像	人 12	상 상	亻 伶 俜 像
相	目 4	서로 상	十 木 相 相
似	人 5	닮을 사	亻 仏 伫 似
賞	貝 8	상줄 상	䒑 尚 賞 賞
罰	罒 9	벌줄 벌	罒 詈 罰 罰
霜	雨 9	서리 상	雨 霜 霜 霜
雪	雨 3	눈 설	雨 雪 雪 雪
償	人 15	갚을 상	亻 償 償 償
還	辶 13	갚을 환	罒 睘 環 還

사자성어

▶ 狐假虎威(호가호위) : 여우가 호랑이의 위세를 빌려 호기를 부린다는 뜻으로 남의 세력을 빌어 위세를 부림.

단어정리

想像: 마음속에 그리며 미루어 생각함
相似: 모양이 서로 비슷함
賞罰: 잘한 일에 상을 주고 잘못한 일에 대해서는 벌을 주는 일
霜雪: 서리와 눈; 마음이 결백하고 엄함의 비유
償還: 빚을 갚음; 물품으로 대신 갚음

한자	부수·획수	훈음	필순
嘗	口 11	맛볼 상	𰀁 尚 嘗 嘗
膽	月 13	쓸개 담	月 肞 膽 膽
桑	木 6	뽕나무 상	又 叒 桑 桑
田	田 0	밭 전	丨 冂 田 田
狀	犬 4	모양 상	丬 爿 狀 狀
態	心 10	모양 태	厶 能 能 態
詳	言 6	자세할 상	言 訁 詳 詳
細	糸 5	자세할 세	糸 糹 細 細
祥	示 6	조짐 상	示 礻 祥 祥
雲	雨 4	구름 운	雨 雲 雲 雲

사자성어 ▶ 畵中之餠(화중지병) : 그림 속의 떡이란 뜻으로 바라만 보았지 실제로 얻을 수 없음.

단어정리

嘗膽: 쓸개를 맛봄; 원수를 갚기 위해 고생을 참고 견딤을 비유

桑田: 뽕나무 밭

狀態: 사물이 처하여 있는 형편이나 모양

詳細: 자상하고 세밀함

祥雲: 상서로운 구름

한자	부수·획수	훈음 / 필순
象	豕 5	본뜰 상 ⺈ 缶 象 象
形	彡 4	형상 형 一 于 开 形
色	色 0	빛 색 ⺈ 㐃 㐃 色
彩	彡 8	채색 채 ⺤ 平 采 彩
索	糸 4	찾을 색 十 声 壶 索
引	弓 1	맡을 인 ㄱ ㅋ 弓 引
生	生 0	날 생 丿 ㄷ 牛 生
日	日 0	날 일 丨 冂 月 日
序	广 4	차례 서 亠 广 庈 序
列	刀 4	줄 열 一 歹 歹 列

사자성어 ▶ 寤寐不忘(오매불망) : 자나 깨나 잊지 못함.

단어정리

象形: 물건의 형상을 본뜸
色彩: 빛깔; 빛깔과 문채
索引: 찾아냄; 책 속의 항목이나 낱말을 빨리 찾도록 만든 목록
生日: 태어난 날
序列: 차례; 순서; 차례로 늘어놓음

한자	부수/획수	훈음	필순
書	口 6	글 서	⺕ 聿 書 書
籍	竹 14	문서 적	⺮ 笋 箝 籍
西	襾 0	서양 서	一 丌 两 西
曆	日 12	책력 력	厂 厈 厤 曆
庶	广 8	서자 서	广 庐 庐 庶
子	子 0	아들 자	㇇ 了 子
徐	彳 7	천천히할 서	彳 彸 徐 徐
行	行 0	다닐 행	ノ 彳 行 行
序	广 4	서문 서	广 庁 序 序
論	言 8	논할 논	言 訡 訡 論

사자성어 ▶ 南柯一夢(남가일몽) : 남쪽 가지 밑에서 꾼 한 꿈이라는 뜻으로, 일생의 부귀영화가 한낱 꿈에 지나지 않음.

단어정리

書籍: 책; 서적

西曆: 서양의 책력; 예수가 탄생한 해를 원년으로 하는 서양력

庶子: 첩이 낳은 아들

徐行: 천천히 감

序論: 본론의 실마리가 되는 논설

한자	부수	획수	훈	음	필순
署	罒	9	쓸	서	罒 罖 罢 署
名	口	3	이름	명	ノ ク 夕 名
誓	言	7	맹세	서	扌 折 誓 誓
願	頁	10	소망	원	厂 原 願 願
逝	辶	7	죽음	서	扌 折 逝 逝
去	厶	3	갈	거	十 土 去 去
夕	夕	0	저녁	석	ノ ク 夕
陽	阝	9	해	양	阝 阝日 陽 陽
惜	忄	8	아까워할	석	忄 惜 惜 惜
別	刀	5	떠날	별	口 另 另 別

사자성어 ▶ 美人薄命(미인박명) : 미인은 흔히 불행하거나 병약하여 요절하는 일이 많다는 말.

단어정리

署名: 서류 따위의 책임을 밝히기 위해 이름을 적어 넣음

誓願: 신불에게 맹세하고 기원함

逝去: 죽음

夕陽: 저녁때의 해

惜別: 서로 헤어지기를 아쉬워함

한자	부수/획수	훈	음	필순
昔	日 4	옛	석	一 艹 昔 昔
日	日 0	날	일	丨 冂 日 日
析	木 4	가를	석	十 木 析 析
出	凵 3	나타날	출	凵 中 出 出
釋	釆 13	풀릴	석	釆 釋 釋 釋
然	火 8	그럴	연	夕 然 然 然
仙	人 3	신선	선	亻 仙 仙 仙
境	土 11	경계	경	土 境 境 境
先	儿 4	앞	선	丿 先 先 先
後	彳 6	뒤	후	彳 後 後 後

사자성어 ▶ 白日夢(백일몽) : 대낮에 꾸는 꿈이라는 뜻으로 실현될 수 없는 헛된 공상을 이르는 말.

단어정리

昔日: 옛날
析出: 분석하여 요소를 뽑아 냄
釋然: 마음이 환하게 풀림
仙境: 신선이 산다는 곳; 경치가 썩 좋고 그윽한 곳
先後: 앞뒤; 먼저 함과 나중에 함

한자	부수/획수	훈음	필순
善	口 9	착할 선	亠 羊 羔 善
良	艮 1	어질 량	㇒ ㇌ 自 良
船	舟 5	배 선	舟 舟 舡 船
積	禾 11	쌓을 적	禾 秸 稓 積
選	辶 12	가릴 선	吅 巽 㔭 選
擇	扌 13	가릴 택	扌 扌罒 擇 擇
宣	宀 6	펼 선	宀 宀 宣 宣
布	巾 2	펼 포	一 ナ 右 布
旋	方 7	돌 선	方 方 旂 旋
回	口 3	돌 회	丨 冂 回 回

사자성어 ▶ 人生無常(인생무상) : 인생이 덧없음을 이르는 말.

단어정리

善良: 착하고 어짊 또 그 사람
船積: 배가 화물을 싣는 일
選擇: 골라서 뽑음
宣布: 널리 펴 알림
旋回: 둘레를 빙빙 돎

한자	부수/획수	훈음 / 필순							
禪	示 12	선위할 선 礻 礻罒 禫 禪							
位	人 5	자리 위 亻 仁 位 位							
舌	舌 0	혀 설 一 二 千 舌							
禍	示 9	재화 화 礻 礻冂 禍 禍							
設	言 4	설령 설 言 訁 設 設							
令	人 3	가령 령 人 亼 今 令							
說	言 7	말씀 설 言 訁 說 說							
明	日 4	밝힐 명 日 旫 明 明							
攝	扌 18	다스릴 섭 扌 擢 攝 攝							
理	王 7	다스릴 리 王 玾 理 理							
사자성어	▶ 一場春夢(일장춘몽) : 한바탕의 봄꿈처럼 헛된 영화나 덧없는 일이란 뜻으로, 인생의 허무함을 비유하여 이르는 말.								

단어정리

禪位: 임금이 왕위를 물려줌

舌禍: 남의 참소로 인해 받는 재앙

設令: 가령; 그렇다 치더라도

說明: 풀이하여 밝힘; 알기 쉽게 풂

攝理: 병을 조섭함; 대신하여 처리하고 다스림

한자	부수·획수	훈·음	필순
涉	氵 7	겪을 섭	氵 氵止 氵步 涉
獵	犭 15	겯 렵	丿 犭巛 犭巤 獵
城	土 6	재 성	土 圢 坂 城
樓	木 11	망루 루	木 枏 楼 樓
姓	女 5	성 성	女 女𠂉 姓 姓
名	口 3	이름 명	丿 ク 夕 名
性	忄 5	성별 성	忄 忄𠂉 性 性
質	貝 8	바탕 질	斤 斦 質 質
成	戈 3	이룰 성	一 厂 万 成
就	尢 9	이를 취	亠 古 京 就

사자성어 ▶ 綠陰芳草(녹음방초) : 나무가 푸르게 우거진 그늘과 꽃다운 풀이라는 뜻으로 여름의 아름다운 경치.

단어정리

涉獵: 여러 가지 책을 많이 읽음
城樓: 성 위에 있는 망루
姓名: 성과 이름
性質: 생물이나 무생물이 본디부터 가지고 있는 바탕
成就: 뜻한 바를 이룸

한자	부수·획수	훈음	필순
星	日 5	별 성	日 旦 㫐 星
雲	雨 4	구름 운	雨 雲 雲 雲
盛	皿 7	성할 성	厂 成 盛 盛
衰	衣 4	쇠할 쇠	亠 衰 衰 衰
省	目 4	살필 성	亅 小 少 省
墓	土 11	무덤 묘	艹 苩 莫 墓
聖	耳 7	성스러울 성	耳 耶 聖 聖
靈	雨 16	신령 령	雨 霝 靈 靈
聲	耳 11	소리 성	声 殸 殸 聲
樂	木 11	음악 악	幺 綠 樂 樂
사자성어	▶ 晩秋佳景(만추가경) : 늦가을의 아름다운 경치.		

단어정리

星雲: 은하의 군데군데에 구름이나 안개 같이 많이 모여 있는 별

盛衰: 성하는 것과 쇠하는 것

省墓: 조상의 산소를 살피어 돌봄

聖靈: 기독교에서 이르는 삼위일체의 제 3위

聲樂: 목소리를 중심으로 한 음악

한자	부수·획수	훈음	필순
誠	言 7	참으로 성	言 訂 訢 誠
意	心 9	뜻 의	产 音 音 意
世	一 4	인간 세	一 卄 廿 世
子	子 0	남자 자	乛 了 子
洗	氵 6	씻을 세	氵 氵 洪 洗
面	面 0	낯 면	一 丙 面 面
稅	禾 7	거둘 세	禾 秂 稅 稅
吏	口 3	벼슬아치 리	冖 冂 吏 吏
小	小 0	작을 소	亅 小 小
心	心 0	마음 심	丶 心 心 心

사자성어

▶ 天高馬肥(천고마비) : 하늘이 높고 말이 살찐다는 뜻으로, 오곡백과가 무르익는 가을이 좋은 절기임을 일컫는 말.

단어정리

誠意: 진심; 마음을 성실히 먹음

世子: 왕의 자리를 이을 왕자

洗面: 낯을 씻음

稅吏: 조세에 관한 사무를 취급하는 관리

小心: 대담하지 못함

한자	부수/획수	훈음	필순
少	小 1	적을 소	亅 ⺉ 小 少
量	里 5	헤아릴 량	日 旦 昌 量
所	戶 4	바 소	ㅋ 戶 所 所
在	土 3	있을 재	一 ナ 存 在
消	氵 7	쓸 소	氵 氵 氵 消
化	匕 2	변할 화	ノ 亻 亻 化
笑	竹 4	웃을 소	竹 竹 竺 笑
談	言 8	이야기 담	言 訁 談 談
素	糸 4	흴 소	主 壴 孛 素
朴	木 2	순박할 박	十 木 朩 朴

사자성어 ▶ 春夏秋冬(춘하추동) : 봄 · 여름 · 가을 · 겨울의 네 계절.

단어정리

少量: 적은 수량
所在: 있는 곳
消化: 먹은 음식을 삭임; 얻거나 배운 것을 삭여서 자기 것으로 만듦
笑談: 웃으면서 이야기함
素朴: 꾸밈이나 것이 없이 생긴 그대로임

한자	부수/획수	훈음	필순
召	口 2	부를 소	ㄱ 刀 召 召
還	辶 13	돌아올 환	罒 罒 睘 還
昭	日 5	밝힐 소	日 日ㄱ 日刀 昭
詳	言 6	자세할 상	言 言䒑 言⺶ 詳
燒	火 12	불사를 소	火 火圥 火垚 燒
酒	酉 3	술 주	氵 氵丆 洒 酒
蘇	艹 16	깰 소	艹 艹魚 蘇 蘇
生	生 0	살 생	丿 𠂉 牛 生
訴	言 5	송사할 소	言 訁厂 訢 訴
訟	言 4	송사할 송	言 訁八 訟 訟

사자성어 ▶ 不惑之歲(불혹지세) : 불혹의 나이. 마흔 살.

단어정리

召還: 일을 마치기 전에 불러서 돌아오게 함; 외교사절 등을 본국으로 불러들임
昭詳: 분명하고 자세함
燒酒: 쌀이나 잡곡 따위로 빚은 술
蘇生: 다시 살아남
訴訟: 법원에다 법률사의 판결을 요구하는 절차

한자	부수	획수	뜻	음	필순
騷	馬	10	떠들	소	馬 馬 駋 騷
亂	乙	12	어지러울	난	爫 爯 亂 亂
俗	人	7	풍속	속	亻 亻 伀 俗
談	言	8	이야기	담	言 訬 談 談
速	辶	7	빠를	속	一 束 速 速
決	氵	4	결정할	결	氵 氵 決 決
屬	尸	18	엮을	속	尸 屈 屬 屬
文	文	0	글자	문	丶 亠 文 文
粟	米	6	조	속	一 覀 粟 粟
散	攵	8	헤어질	산	艹 昔 散 散

사자성어 ▶ 三十而立(삼십이립) : 서른 살이 되어 자립한다는 뜻으로, 학문이나 견식이 일가를 이루어 흔들리지 아니함.

단어정리

騷亂: 술렁거리어 어수선 함; 야단스러움
俗談: 옛적부터 내려오는 민간의 격언
速決: 빨리 결정함
屬文: 글을 지음
粟散: 좁쌀을 해친 것처럼 산산이 헤어짐

한자	부수/획수	훈음 / 필순
孫	子 7	손자 손 / 孑 孖 孫 孫
子	子 0	아들 자 / ㇇ 了 子
損	扌 10	잃을 손 / 扌 扌 捐 損
益	皿 5	이로울 익 / ㇒ 亼 𥁋 益
松	木 4	소나무 송 / 木 朳 松 松
柏	木 5	잣나무 백 / 木 朩 柏 柏
送	辶 6	보낼 송 / 八 关 送 送
別	刀 5	떠날 별 / 口 另 另 別
誦	言 7	욀을 송 / 言 訁 誦 誦
讀	言 15	읽을 독 / 言 訁 讀 讀

사자성어 ▶ 知天命(지천명) : 나이 50세를 말함. 50세에 드디어 천명을 알게 된다는 나이.

단어정리

孫子: 아들의 아들
損益: 손해와 이익
松柏: 소나무와 측백나무; 굳은 절개를 비유하는 상록수
送別: 멀리 떠나는 사람을 보냄
誦讀: 외어 읽음; 소리 내어 읽음

한자	부수	획수	훈	음	필순
鎖	金	10	봉할	쇄	金 釒 鎖 鎖
國	口	8	나라	국	冂 冋 國 國
修	人	8	닦을	수	亻 亻 佟 修
練	糸	9	익힐	련	糸 絅 緬 練
受	又	6	받을	수	爫 爫 受 受
難	隹	11	어려울	난	廿 莫 歎 難
壽	士	11	수명	수	士 壽 壽 壽
命	口	5	목숨	명	人 亼 合 命
守	宀	3	지킬	수	宀 宀 守 守
節	竹	9	절개	절	竹 笸 節 節

사자성어 ▶ 物我一體(물아일체) : 외부 사물과 나, 객관과 주관, 또는 물질계와 정신계가 어울려 하나가 된 것.

단어정리

鎖國: 외국과의 통상 교류를 하지 않음

修練: 인격 기예 학문등을 닦음

受難: 어려운 처지를 당함

壽命: 목숨; 물품이 사용에 견디는 시간

守節: 절개를 지킴; 과부가 재가 하지 않음

한자	부수·획수	훈음 / 필순
愁	心 9	근심할 수 禾 禾′ 秋 愁
心	心 0	마음 심 ′ 乚 心 心
手	手 0	손 수 一 二 三 手
足	足 0	발 족 口 早 足 足
授	扌 8	수여할 수 扌 扌 扌 授
乳	乙 7	젖 유 爫 孚 孚 乳
收	攴 2	거둘 수 丨 丩 收 收
拾	扌 6	주울 습 扌 扌 拎 拾
樹	木 12	세울 수 木 桔 樹 樹
立	立 0	설 립 亠 亠 立 立

사자성어

▶ 胡蝶之夢(호접지몽) : 장자(莊子)가 나비가 되어 날아다닌 꿈으로, ① 현실과 꿈의 구별이 안 되는 것 ② 인생의 덧없음을 비유.

단어정리

愁心: 근심하는 마음

手足: 손과 발; 형제에 비유

授乳: 어린 아이에게 젖을 먹임

收拾: 어지러운 사태를 거두어 바로잡음

樹立: 공적이나 사업을 세움

한자	부수·획수	훈·음	필순
秀	禾 2	빼어날 수	千 禾 秀 秀
麗	鹿 8	빛날 려	丽 严 麗 麗
首	首 0	우두머리 수	丷 䒑 䒑 首
領	頁 5	거느릴 령	人 令 領 領
垂	土 5	드리울 수	一 三 垂 垂
直	目 3	곧을 직	十 冇 直 直
搜	扌 10	찾을 수	扌 押 搜 搜
査	木 5	조사할 사	木 杏 査 査
獸	犬 15	짐승 수	吅 嘼 獸 獸
醫	酉 11	의원 의	医 殹 醫 醫

사자성어 ▶ 甲男乙女(갑남을녀) : 보통 평범한 사람들.

단어정리

秀麗: 산수의 경치가 빼어나게 아름다움
首領: 우두머리
垂直: 똑바로 드리움 또는 그 상태
搜査: 찾아서 조사함
獸醫: 가축의 의사; 수의사

한자	부수·획수	훈음	필순
睡	目 8	잘 수	目 旷 睡 睡
眠	目 5	잘 면	目 目 眂 眠
隨	阝 13	따라서 수	阝 隋 隋 隨
筆	竹 6	쓸 필	⺮ 笔 笔 筆
需	雨 6	요구 수	雨 雨 需 需
給	糸 6	줄 급	纟 糸 紒 給
叔	又 6	숙부 숙	⺊ 尗 叔 叔
父	父 0	아비 부	ノ 八 父 父
宿	宀 8	묵을 숙	宀 宿 宿 宿
泊	氵 5	머무를 박	氵 氵 泊 泊

사자성어

▶ 善男善女(선남선녀) : 착한 남자와 착한 여자라는 뜻으로 ① 불교에 귀의한 남녀 ② 신심이 깊은 사람들을 이르는 말.

단어정리

睡眠: 잠

隨筆: 생각나는 대로 형식없이 써내려가는 산문의 하나

需給: 수요와 공급

叔父: 아버지의 동생

宿泊: 주막에서 묵음; 여관에 듦

한자	부수·획수	훈음 / 필순						
淑	氵 8	착할 숙 氵 汁 洂 淑						
女	女 0	계집 녀 𠃋 女 女						
孰	子 8	누구 숙 亠 亯 享 孰						
誰	言 8	누구 수 言 訁 誰 誰						
熟	火 11	익히 숙 亠 享 孰 熟						
考	耂 2	상고할 고 土 耂 考 考						
肅	聿 7	삼갈 숙 ⺕ 肀 肅 肅						
然	火 8	그럴 연 夕 肰 肰 然						
純	糸 4	순수할 순 糸 紀 純 純						
眞	目 5	참 진 匕 旨 眞 眞						

사자성어 ▶ 藥房甘草(약방감초) : ① 무슨 일이나 빠짐없이 끼임 ② 반드시 끼어야 할 사물.

단어정리

淑女: 교양 예의 품격을 갖춘 여자
孰誰: 누구; 어떤 사람
熟考: 충분히 생각함
肅然: 삼가고 두려워하는 모양; 고요한 모양
純眞: 마음이 순박하고 진실함

한자	부수 / 획수	훈음	필순
順	頁 3	차례 순	川 川 順 順
次	欠 2	차례 차	冫 次 次 次
巡	辶 3	돌 순	巛 巛 巡 巡
察	宀 11	살필 찰	宀 察 察 察
循	彳 9	돌 순	彳 循 循 循
行	行 0	다닐 행	丿 彳 行 行
殉	歹 6	따라죽을 순	歹 殉 殉 殉
葬	艹 9	장사 장	艹 葬 葬 葬
瞬	目 12	눈깜박일 순	目 瞬 瞬 瞬
間	門 4	사이 간	門 門 門 間

사자성어 ▶ 匹夫匹婦(필부필부) : 평범한 남자와 평범한 여자.

단어정리

順次: 차례; 차례를 따름

巡察: 돌아다니며 사정을 살핌

循行: 여러 곳을 돌아다님

殉葬: 옛날 임금이나 남편의 아내를 산채로 함께 매장하던 일

瞬間: 잠깐 동안

한자	부수·획수	훈	음	필순
脣	月 7	입술	순	厂 辰 脣 脣
齒	齒 0	이	치	⺊ 止 𠚕 齒
崇	山 8	높을	숭	山 出 崈 崇
尙	小 5	숭상할	상	丨 小 尙 尙
習	羽 5	익힐	습	习 羽 習 習
字	子 3	글자	자	丶 宀 字 字
濕	氵 14	축축할	습	氵 沪 㬎 濕
潤	氵 12	젖을	윤	氵 汌 潤 潤
乘	丿 9	탈	승	一 乖 乖 乘
馬	馬 0	말	마	厂 馬 馬 馬

사자성어 ▶ 賢母良妻(현모양처) : 어진 어머니이면서 또한 착한 아내

단어정리

脣齒: 입술과 이; 서로 이해관계가 밀접한 것
崇尙: 높여 소중히 여김
習字: 글자를 익힘
濕潤: 젖어서 질척질척 함
乘馬: 말을 탐

한자	부수·획수	훈	음	필순
僧	人 12	중	승	亻 仈 㑘 僧
徒	彳 7	무리	도	彳 徃 徍 徒
昇	日 4	오를	승	日 旦 昪 昇
天	大 1	하늘	천	一 二 于 天
始	女 5	처음	시	女 女ム 始 始
初	刀 5	처음	초	ネ 衤 初 初
市	巾 2	저자	시	丶 亠 亣 市
民	氏 1	백성	민	ㄱ ㅋ 尸 民
施	方 5	베풀	시	方 㫃 旃 施
策	竹 6	꾀	책	⺮ 𥫗 笧 策
사자성어	▶ 天下太平(천하태평) : ① 온 세상이 태평함 ② 근심 걱정이 없거나 성질이 느긋하여 세상 근심을 모르고 편안함, 또는 그런 사람			

단어정리

僧徒: 중의 무리

昇天: 하늘로 올라감; 기독교에서의 신자의 죽음

始初: 처음

市民: 도시의 주민

施策: 계책을 실시함; 또는 그 계책

한자	부수 · 획수	훈	음	필순
是	日 5	옳을	시	旦 旦 早 是
非	非 0	아닐	비	丿 彐 非 非
時	日 6	때	시	日 昢 時 時
局	尸 4	판	국	コ 尸 局 局
視	見 5	볼	시	一 亍 示 視
聽	耳 16	들을	청	耳 耳 聽 聽
試	言 6	시험할	시	言 訁 試 試
驗	馬 13	시험	험	馬 馬 驗 驗
侍	人 6	모실	시	亻 仕 侍 侍
從	彳 8	좇을	종	彳 彸 從 從

사자성어 ▶ 傾國之色(경국지색) : 나라를 망하게 할 정도로 아름다운 여자, 나라를 위태(危殆)롭게함을 비유함.

단어정리

是非: 옳고 그름; 다툼
時局: 당면한 국내및 국제적 정세
視聽: 눈으로 보고 귀로 들음
試驗: 학력을 필기나 구술을 시켜 알아보는 일
侍從: 임금 옆에서 일을 받는 것

한자	부수/획수	훈음 / 필순
矢	矢 0	맹세할 시 丿 𠂉 𠂊 矢
言	言 0	말씀 언 一 二 三 言
植	木 8	심을 식 木 朩 植 植
木	木 0	나무 목 一 十 才 木
休	人 4	쉴 휴 亻 亻 什 休
息	心 6	쉴 식 丶 自 自 息
新	斤 9	새 신 立 亲 新 新
鮮	魚 6	새 선 角 魚 魚 鮮
申	田 0	아뢸 신 丨 冂 日 申
請	言 8	청할 청 言 言 請 請
사자성어		▶ 群鷄一鶴(군계일학) : 무리 지어 있는 닭 가운데 있는 한 마리의 학이라는 뜻으로, 여러 평범한 사람들 가운데 있는 뛰어난 한 사람.

단어정리

矢言: 맹세하는 말
植木: 나무를 심음
休息: 쉼; 쉬게 함
新鮮: 새롭고 산뜻함
申請: 신고하여 청구함

한자	부수/획수	훈	음	필순
辛	辛 0	매울	신	丶 亠 立 辛
苦	艹 5	쓸	고	十 艹 芏 苦
伸	人 5	펼	신	亻 伯 伸 伸
縮	糸 11	줄	축	糹 紵 紵 縮
愼	忄 10	삼갈	신	丷 忙 愼 愼
重	里 2	중할	중	一 亖 重 重
晨	日 7	새벽	신	日 昆 晨 晨
鐘	金 12	쇠북	종	金 鉝 鐘 鐘
失	大 2	허물	실	𠂉 ㄷ 失 失
手	手 0	손	수	一 二 三 手

사자성어

▶ 難兄難弟(난형난제) : 누구를 형이라 아우라 하기 어렵다는 뜻으로, 누가 더 낫다고 할 수 없을 정도로 서로 비슷함.

단어정리

辛苦: 맵고 씀; 고생스레 애를 씀

伸縮: 늘어남과 줄어듦

愼重: 삼가고 매우 조심스러움

晨鐘: 절에서 울리는 새벽종; 사람을 각성시키는 언론

失手: 잘못해서 일을 그르침

한자	부수·획수	뜻	음	필순
實	宀 11	열매	실	宀 宀 實 實
踐	足 8	밟을	천	𧾷 践 踐 踐
深	氵 8	깊을	심	氵 氵 深 深
層	尸 12	층	층	ㄱ 尸 尸 層
甚	甘 4	심할	심	一 甘 甚 甚
難	隹 11	어려울	난	艹 堇 難 難
審	宀 12	살필	심	宀 宀 審 審
議	言 13	상의할	의	言 言 議 議
尋	寸 9	찾을	심	⺕ 尋 尋 尋
訪	言 4	찾을	방	言 言 訪 訪

사자성어

▶ 囊中之錐(낭중지추) : 주머니 속에 있는 송곳이란 뜻으로, 재능이 아주 빼어난 사람은 숨어 있어도 저절로 남의 눈에 드러난다는 비유.

단어정리

實踐: 실제로 행함
深層: 속이 깊은 층
甚難: 매우 어려움
審議: 심사하고 논의함
尋訪: 방문해 찾아봄

한자	부수/획수	훈	음	필순
氏	氏 0	씨	씨	一 厂 斤 氏
族	方 7	무리	족	亠 方 㫃 族
兒	儿 6	아이	아	F 臼 臼 兒
童	立 7	아이	동	产 音 音 童
我	戈 3	아집부릴	아	ノ 手 我 我
執	土 8	잡을	집	土 幸 𡙕 執
亞	二 6	버금	아	一 干 亞 亞
聖	牙 0	성인	성	耳 耵 聖 聖
牙	牙 0	어금니	아	一 工 于 牙
旗	方 10	기	기	方 方 旗 旗

사자성어 ▶ 錦衣還鄕(금의환향) : 비단옷 입고 고향에 돌아온다는 뜻으로 출세하여 고향에 돌아옴.

단어정리

氏族: 원시 사회에서 같은 조상을 가진 여러 가족의 성원으로 구성되어, 그 조상의 직계를 수장으로 하는 사회집단
兒童: 어린아이; 어린이
我執: 자기의견에만 사로잡혀 쏠림
亞聖: 대성에 대해 그 다음가는 현인
牙旗: 상아로 장식된 대장군의 기; 천자의 기

한자	부수/획수	훈음 / 필순
餓	食 7	굶주릴 **아**
		𩚃 飣 餓 餓
死	歹 2	죽을 **사**
		一 万 歹 死
惡	心 8	나쁠 **악**
		一 亞 亞 惡
臭	自 4	냄새 **취**
		′ 自 臭 臭
安	宀 3	편안할 **안**
		宀 安 安 安
逸	辶 8	편안 **일**
		⺈ 免 逸 逸
案	木 6	안내 **안**
		宀 安 案 案
內	入 2	안 **내**
		丨 冂 内 內
眼	目 6	눈 **안**
		目 目ㅋ 眼 眼
球	王 7	옥 **구**
		王 玎 球 球
사자성어	▶ 骨肉相爭(골육상쟁) : 뼈와 살이 서로 다툰다는 뜻으로, 형제나 같은 민족끼리 서로 다툼을 뜻함.	

단어정리

餓死: 굶어서 죽음

惡臭: 나쁜 냄새

安逸: 편하고 한가로움

案內: 인도하여 알려줌

眼球: 눈망울

한자	부수/획수	훈음	필순
岸	山 5	낭떠러지 안	山 屵 岸 岸
壁	土 13	낭떠러지 벽	尸 辟 辟 壁
雁	隹 4	기러기 안	厂 厂 厂 雁
行	行 0	다닐 행	丿 彳 行 行
巖	山 20	바위 암	山 山 巖 巖
穴	穴 0	굴 혈	丶 宀 穴 穴
暗	日 9	몰래 암	日 暗 暗 暗
示	示 0	보일 시	二 亍 示 示
壓	土 14	누를 압	厂 厂 厭 壓
制	刀 6	억누를 제	𠂉 制 制 制

사자성어

▶ 捲土重來(권토중래) : 흙먼지를 날리며 다시 온다는 뜻으로 ① 한 번 실패(失敗)에 굴하지 않고 몇 번이고 다시 일어남 ② 패한 자가 세력(勢力)을 되찾아 다시 쳐들어옴.

단어정리

岸壁: 험하게 솟은 절벽; 부두의 절벽
雁行: 기러기가 줄지어 날아감
巖穴: 바위에 뚫린 굴; 암굴
暗示: 간접적으로 함축성 있게 알림
壓制: 압박하여 억제함

한자	부수/획수	훈	음	필순
押	扌 5	누를	압	扌 扣 扫 押
留	田 5	머무를	류	丶 乒 卯 留
仰	人 4	우러러볼	앙	亻 仜 仰 仰
望	月 7	바랄	망	亡 胡 望 望
哀	口 6	슬퍼할	애	亠 亡 哀 哀
痛	疒 7	슬퍼할	통	疒 疗 痛 痛
厄	厂 2	재앙	액	一 厂 厅 厄
運	辶 9	운수	운	冖 軍 渾 運
夜	夕 5	밤	야	亠 亣 夜 夜
景	日 8	경치	경	日 旦 昙 景

사자성어 ▶ 難攻不落(난공불락) : 공격하기 어려워 좀처럼 함락되지 아니함.

단어정리

押留: 특정의 재산 권리에 대한 개인의 처분을 금하는 행위
仰望: 우러러 바람
哀痛: 몹시 슬퍼함
厄運: 불행한 운수
夜景: 밤의 경치나 정경

한자	부수·획수	훈	음	필순
野	里 4	들	야	甲 里 野 野
營	火 13	지을	영	火 炏 𤇾 營
耶	耳 3	아버지	야	厂 耳 耶 耶
蘇	艹 16	성	소	艹 蘇 蘇 蘇
弱	弓 7	약할	약	弓 弓 弱 弱
小	小 0	작을	소	亅 小 小
約	糸 3	약속	약	糸 約 約 約
束	木 3	약속할	속	一 口 中 束
若	艹 5	같을	약	艹 艹 若 若
是	日 5	이	시	日 旦 是 是

사자성어

▶ 臥薪嘗膽(와신상담) : 섶에 누워 쓸개를 씹는다는 뜻으로 원수를 갚으려고 온갖 괴로움을 참고 견딤을 이르는 말.

단어정리

野營: 들에 친 진영; 훈련이나 야영을 목적으로 야외에 천막을 치고 하는 생활

耶蘇: 예수

弱小: 약하고 작음

約束: 어떤 일에 대하여 어떻게 하기로 미리 정해놓고 서로 어기지 않을 것을 다짐함

若是: 이와 같이

한자	부수 / 획수	훈음	필순
洋	氵 6	서양 양	氵 浐 洋 洋
食	食 0	먹을 식	人 今 食 食
羊	羊 0	양 양	丷 䒑 兰 羊
腸	月 9	창자 장	月 肥 腸 腸
讓	言 17	사양할 양	言 讠 讓 讓
渡	氵 9	건널 도	氵 汇 渡 渡
壤	土 17	땅 양	土 土 壤 壤
土	土 0	흙 토	一 十 土
楊	木 9	버들 양	木 杷 楊 楊
柳	木 5	버드나무 류	木 杠 枊 柳

사자성어 ▶ 錦繡江山(금수강산) : 비단에 수를 놓은 듯이 아름다운 산천이라는 뜻으로, 우리나라 강산을 이르는 말.

단어정리

洋食: 서양식의 음식

羊腸: 양의 창자; 꼬불꼬불한 길

讓渡: 이권을 남에게 넘겨줌

壤土: 흙

楊柳: 버드나무

한자	부수·획수	훈음		필순
樣	木 11	모양	양	木 栏 样 樣
式	弋 3	식	식	一 亍 式 式
漁	氵 11	고기잡을	어	氵 氵 渔 漁
村	木 3	마을	촌	木 木 村 村
語	言 7	말할	어	言 訂 語 語
錄	金 8	기록할	록	金 釒 銵 錄
魚	魚 0	고기	어	𠂊 鱼 角 魚
類	頁 10	무리	류	米 类 類 類
億	人 13	헤아릴	억	亻 仹 偣 億
萬	艹 9	일만	만	艹 苗 萬 萬

사자성어 ▶ 山紫水明(산자수명) : 산 빛이 곱고 강물이 맑다는 뜻으로, 산수가 아름다움을 이르는 말.

단어정리

樣式: 일정한 모양과 형식

漁村: 바닷가 어부들이 모여사는 마을

語錄: 훌륭한 학자나 지도자들이 한 말을 간추려 모은 기록

魚類: 물고기류를 통틀어 이르는 말

億萬: 헤아릴 수 없이 많은 수

한자	부수·획수	뜻·음	필순
抑	扌 4	누를 억	扌 扌 扣 抑
壓	土 14	누를 압	厂 屇 厭 壓
焉	火 7	어찌 언	下 正 焉 焉
敢	攴 8	감히 감	工 干 頁 敢
余	人 5	나 여	人 亼 佘 余
等	竹 6	무리 등	竺 笁 等 等
如	女 3	여하 여	女 女 如 如
意	心 9	뜻 의	立 音 音 意
汝	氵 3	너 여	氵 氿 汝 汝
等	竹 6	무리 등	竺 笁 等 等

사자성어 ▶ 漁父之利(어부지리) : 어부의 이익이라는 뜻으로, 둘이 다투는 틈을 타서 엉뚱한 제3자가 이익을 가로챔.

단어정리

抑壓: 힘으로 억누름

焉敢: 어찌 감히

余等: 우리들

如意: 일이 뜻대로 됨

汝等: 너희들

한자	부수/획수	훈음 / 필순
餘	食 7	남을 여 / 食 飠 餘 餘
暇	日 9	틈 가 / 日 昍 暇 暇
輿	車 10	많을 여 / 𦥑 輿 輿 輿
論	言 8	견해 론 / 言 訃 論 論
亦	亠 4	또한 역 / 亠 亣 亦 亦
是	日 5	이 시 / 日 旦 早 是
驛	馬 13	역말 역 / 馬 馹 驛 驛
傳	人 11	전할 전 / 亻 俥 傳 傳
煙	火 9	연기 연 / 火 烟 煙 煙
草	艹 6	풀 초 / 艹 苜 草 草

사자성어 ▶ 一擧兩得(일거양득) : ① 한 번 들어 둘을 얻음 ② 한 가지의 일로 두 가지의 이익을 보는 것.

단어정리

餘暇: 겨를; 틈

輿論: 사회대중의 공통된 의견

亦是: 이 또한; 이것도 또한

驛傳: 옛날 역과 역 사이를 달리던 말

煙草: 담배; 담배 잎을 말려 가공한 기호물

한자	부수·획수	훈·음	필순
研	石 4	궁구할 **연**	石 矸 矸 研
究	穴 2	궁구할 **구**	宀 穴 究 究
宴	宀 7	잔치 **연**	宀 宣 宴 宴
會	曰 9	모일 **회**	亼 今 侖 會
延	廴 4	늘일 **연**	一 正 延 延
長	長 0	길 **장**	上 長 長 長
沿	氵 5	물따라내려갈 **연**	氵 沿 沿 沿
革	革 0	가죽 **혁**	廿 革 革 革
演	氵 11	행할 **연**	氵 演 演 演
技	扌 4	재주 **기**	一 扌 扌 技

사자성어

▶ 一石二鳥(일석이조) : ① 한 개의 돌을 던져 두 마리의 새를 맞추어 떨어뜨린다는 뜻 ② 한 가지 일을 해서 두 가지 이익을 얻음을 이르는 말

단어정리

研究: 상고하여 궁구함
宴會: 축하 위로 환영 석별 등을 위하여 여러 사람이 모여서 술과 음식을 차려놓고 즐겁게 노는 일; 잔치
延長: 늘이어 길게 함
沿革: 변천되어 온 내력
演技: 배우가 맡은 역을 실제로 행동해 내는 일

한자	부수·획수	훈음	필순
燃	火 12	탈 연	火 炒 炊 燃
料	斗 6	되질할 료	丷 半 米 料
燕	火 12	제비 연	廿 苷 燕 燕
子	子 0	새끼 자	乛 了 子
緣	糸 9	인연 연	糸 紀 緣 緣
故	攴 5	질 고	十 古 故 故
鉛	金 5	분 연	金 釟 鉛 鉛
筆	竹 6	붓 필	竹 笁 筀 筆
悅	忄 7	기뻐할 열	忄 忙 怡 悅
樂	木 11	즐거울 락	幺 㫐 樂 樂

사자성어

▶ 不共戴天(불공대천) : 한 하늘 아래서는 같이 살 수가 없는 원수라는 뜻으로, 원한이 깊이 사무친 원수를 이르는 말.

단어정리

燃料: 숯 석탄 나무 등의 땔감

燕子: 제비

緣故: 까닭; 이유; 혈통 정분 관계의 인연

鉛筆: 흑연의 가루와 점토를 섞어 구워서 심을 만들어 나무속에 박은 필기용구

悅樂: 기뻐하고 즐거워함; 유한적인 욕구를 초탈하여 얻은 안위와 만족

한자	부수/획수	훈	음	필순
熱	火 11	열	열	土 坴 埶 熱
中	丨 3	안	중	丨 冂 口 中
閱	門 7	읽을	열	尸 門 閅 閱
覽	見 9	볼	람	臣 臨 𥌪 覽
炎	火 4	더울	염	丷 火 炏 炎
涼	水 8	서늘할	량	冫 氵亠 氵亠口 涼
染	木 5	물들일	염	氵 氿 染 染
色	色 0	빛	색	⺈ 刍 刍 色
鹽	鹵 13	소금	염	臣 臨 鹽 鹽
田	田 0	밭	전	丨 冂 田 田

사자성어 ▶ 餘裕滿滿(여유만만) : 여유(餘裕)가 가득함

단어정리

熱中: 한자기 일에 정신을 쏟아 골몰함
閱覽: 책을 읽음
炎涼: 더움과 서늘함; 인정의 후함과 박함
染色: 물들임
鹽田: 바닷물을 끌어서 소금을 만드는 밭

한자	부수·획수	훈음	필순
葉	艹 9	잎 엽	艹 蓒 華 葉
書	曰 6	편지 서	⺕ 聿 書 書
榮	木 10	영화 영	火 炏 𤇾 榮
華	艹 8	번성할 화	艹 芢 華 華
永	水 1	길 영	丶 亅 永 永
久	丿 2	오랠 구	艹 萑 舊 舊
英	艹 5	빼어날 영	艹 艹 苂 英
才	扌 0	재주 재	一 十 才
迎	辶 4	맞이할 영	𠂎 卬 迎 迎
接	扌 8	사귈 접	扌 扩 接 接

사자성어 ▶ 君臣有義(군신유의) : 임금과 신하 사이에 의리가 있어야 함.

단어정리

葉書: 엽서

榮華: 몸이 귀하게 되어서 이름이 남

永久: 길고 오램

英才: 영민한 재주 또 그런 사람

迎接: 손님을 맞아 대접함

한자	부수/획수	뜻	음	필순
影	彡 12	화상	영	日 旦 景 影
像	人 12	형상	상	亻 亻' 侮 像
映	日 5	비칠	영	日 日冂 日口 映
窓	穴 6	창	창	宀 穴 空 窓
詠	言 5	읊을	영	言 言` 訪 詠
詩	言 6	시	시	言 計 詩 詩
藝	艹 15	재주	예	蓺 蓺 藝 藝
術	行 5	업	술	彳 術 術 術
豫	豕 9	미리할	예	予 予' 豫 豫
測	氵 9	잴	측	氵 泪 測 測

사자성어

▶ 君爲臣綱(군위신강) : 신하는 임금을 섬기는 것이 근본임.

단어정리

影像: 초상을 그린 족자
映窓: 방을 밝게 하기 위하여 낸 미닫이
詠詩: 시를 읊음; 시를 낭독함
藝術: 기예와 학술
豫測: 앞으로 있을 일을 미리 헤아림

한자	부수 / 획수	훈	음	필순
五	二 2	다섯	오	一 丆 五 五
嶽	山 14	큰산	악	屮 岃 嶽 嶽
午	十 2	오시	오	ノ 𠂉 二 午
時	日 6	때	시	日 日+ 時 時
吾	口 4	우리	오	一 丆 五 吾
人	人 0	사람	인	ノ 人
悟	忄 7	깨달을	오	忄 忄 悟 悟
道	辶 9	도	도	丷 䒑 首 道
烏	火 6	아	오	户 户 烏 烏
竹	竹 0	대	죽	ノ 𠂉 竹 竹

사자성어

▶ 夫婦有別(부부유별) : 남편과 아내는 분별이 있어야 한다는 뜻으로, 부부 사이에는 각각 직분이 있어 서로 침범하지 못할 구별이 있음.

단어정리

五嶽: 우리나라의 오대 명산, 나라의 큰 제사를 지내던 곳임. 곧 동의 금강산, 서의 묘향산, 남의 지리산, 북의 백두산과 중앙의 삼각산

午時: 상오 11시부터 하오 1시까지

吾人: 우리; 우리들

悟道: 번민을 해탈하여 불도의 진리를 깨달음

烏竹: 대의 일종; 솜대의 변종으로 전체가 더 작고, 외피는 자홍색으로 죽세공의 재료로 씀

한자	부수	획수	훈	음	필순
誤	言	7	그릇	오	言 訁口 誀 誤
報	土	9	알릴	보	幸 幸⺈ 幸卩 報
傲	人	11	업신여길	오	亻 伕 傲 傲
氣	气	6	기운	기	𠂉 气 氕 氣
嗚	口	10	오호라	오	口 口户 嗚 嗚
呼	口	5	부르짖을	호	口 口丆 口乊 呼
娛	女	7	즐거워할	오	女 如 娛 娛
樂	木	11	즐길	락	幺 幺白幺 樂 樂
汚	氵	3	더러울	오	氵 汇 汚 汚
辱	辰	3	욕	욕	厂 辰 辱 辱

사자성어

▶ 夫爲婦綱(부위부강) : 아내는 남편을 섬기는 것이 근본임.

단어정리

誤報: 그릇된 보도

傲氣: 남에게 지기 싫어하는 마음

嗚呼: 탄식하는 소리; 아~!; 오~!

娛樂: 즐겁게 노는 놀이

汚辱: 더럽히고 욕되게 함

한자	부수/획수	훈음 / 필순
屋	尸 6	지붕 옥 / 尸 屃 屖 屋
梁	木 7	들보 량 / 氵 汈 沙 梁
玉	玉 0	옥 옥 / 一 二 王 玉
器	口 13	그릇 기 / 吅 㗊 哭 器
獄	犭 11	옥 옥 / ノ 犭 狺 獄
苦	艹 5	괴로울 고 / 艹 艹 苧 苦
溫	氵 10	따뜻할 온 / 氵 泗 溫 溫
床	广 4	평상 상 / ' 广 庄 床
擁	扌 13	안을 옹 / 扌 捹 擁 擁
護	言 14	지킬 호 / 言 訁 護 護

사자성어 ▶ 父爲子綱(부위자강) : 아들은 아버지를 섬기는 것이 근본임.

단어정리

屋梁: 지붕

玉器: 옥으로 만든 그릇

獄苦: 옥살이의 고초

溫床: 인공으로 가열해 식물을 촉성 재배하는 장치를 한 묘상

擁護: 부축하여 보호함

한자	부수 / 획수	훈	음	획순
翁	羽 4	늙은이	옹	八 公 翁 翁
主	丶 4	임금	주	丶 亠 丰 主
瓦	瓦 0	기와	와	一 厂 瓦 瓦
解	角 6	흩어질	해	〃 角 解 解
完	宀 4	완전히	완	宀 宀 完 完
遂	辶 9	이룰	수	八 㒸 遂 遂
緩	糸 9	느릴	완	糸 綒 緩 緩
慢	忄 11	게으를	만	忄 㥀 慢 慢
往	彳 5	갈	왕	彳 彳 往 往
來	人 6	올	래	一 从 來 來

사자성어 ▶ 父子有親(부자유친) : 아버지와 아들 사이의 도는 친애에 있음.

단어정리

翁主: 왕 또는 제후의 시집간 딸; 임금의 후궁에서 난 딸
瓦解: 기와가 깨어지듯 사물이 깨어져 산산이 흩어짐
完遂: 완전히 해냄
緩慢: 모양이나 행동이 느릿함
往來: 가고 오고 함

한자	부수·획수	훈	음	필순
外	夕 2	밖	외	丿 ク 夘 外
資	貝 6	재물	자	冫 冫 次 資
畏	田 4	두려워할	외	田 田 畏 畏
敬	攴 9	공경	경	艹 苟 敬 敬
要	襾 3	요할	요	一 冂 襾 要
塞	土 10	막을	새	宀 寒 寒 塞
搖	扌 10	흔들릴	요	扌 扌 搖 搖
籃	竹 14	바구니	람	⺮ 籃 籃 籃
腰	月 9	허리	요	月 腰 腰 腰
折	扌 4	꺾을	절	扌 扌 扩 折

사자성어 ▶ 長幼有序(장유유서) : 어른과 어린이 사이에는 순서와 질서가 있음.

단어정리

外資: 외국에서 도입하는 자금이나 물자
畏敬: 두려워하며 공경함
要塞: 국방상 필요한 곳에 쌓은 성
搖籃: 젖먹이를 올려놓고 흔들도록 만든 물건
腰折: 허리가 꺾어짐; 몹시 우스워 허리가 꺾어질듯함

한자	부수/획수	뜻·음	필순
謠	言 10	소문 요	言 謠 謠 謠
言	言 0	말씀 언	一 二 三 言
遙	辶 10	아득히 요	⺈ 䍃 遙 遙
遠	辶 10	멀 원	土 吉 袁 遠
欲	欠 7	하고자할 욕	八 谷 欲 欲
求	水 2	구할 구	一 才 求 求
浴	氵 7	목욕 욕	氵 浴 浴 浴
室	宀 6	방 실	宀 宀 室 室
慾	心 11	탐낼 욕	谷 欲 欲 慾
心	心 0	마음 심	丶 心 心 心
사자성어	▶ 極樂往生(극락왕생) : 극락세계에 태어남.		

단어정리

謠言: 세상의 풍설
遙遠: 아득히 멂
欲求: 바라고 구함
浴室: 욕조가 있는 방
慾心: 하고자 하는 마음; 욕정

한자	부수/획수	훈음 / 필순
勇	力 7	날랠 용 / 乛 甬 勇 勇
猛	犭 8	사나울 맹 / ノ 犭 猛 猛
容	宀 7	받아들일 용 / 宀 穴 容 容
恕	心 6	용서할 서 / 女 如 如 恕
庸	广 8	어리석을 용 / 广 户 肩 庸
劣	力 4	못할 렬 / 小 少 劣 劣
右	口 2	오른 우 / 一 ナ 右 右
翼	羽 11	날개 익 / 羽 習 翼 翼
宇	宀 3	천하 우 / 宀 宀 宇 宇
宙	宀 5	하늘 주 / 宀 宀 宙 宙

사자성어

▶ 生老病死(생로병사) : 불교에서 인간이 반드시 겪어야만 한다는 네 가지 고통, 즉 태어나 늙고, 병들고, 죽는 네 가지의 고통.

단어정리

勇猛: 날래고 사나움
容恕: 잘못에 대해 벌하지 않고 관대히 처리함
庸劣: 어리석고 변변치 못함
右翼: 오른편 날개
宇宙: 모든 천체를 포함하는 전 공간

한자	부수·획수	뜻·음	필순
憂	心 11	근심 우	一 丆 惪 憂
慮	心 11	걱정할 려	⺊ 广 虐 慮
牛	牛 0	소 우	丿 𠂉 ⺧ 牛
步	止 4	걸음 보	丨 止 步 步
雨	雨 0	비 우	冂 帀 雨 雨
滴	氵 11	물방울떨어질 적	氵 氵亠 渧 滴
偶	人 9	마침 우	亻 伷 偶 偶
然	火 8	그럴 연	夕 肰 肰 然
優	人 15	뛰어날 우	亻 僡 僡 優
雅	隹 4	우아할 아	牙 牙 雅 雅

사자성어

▶ 眼鼻莫開(안비막개) : 눈 코 뜰 새 없이 바쁨.

단어정리

憂慮: 근심과 걱정; 걱정하여 사색함

牛步: 소걸음; 소걸음 같이 느린 걸음

雨滴: 빗방울

偶然: 뜻하지 않은 일

優雅: 품위가 높고 아름다움

한자	부수	획수	훈	음	필순
愚	心	9	어리석을	우	日 禺 禺 愚
直	目	3	곧을	직	亠 古 有 直
羽	羽	0	깃	우	丁 习 羽 羽
毛	毛	0	털	모	一 二 三 毛
郵	邑	8	역말	우	二 乒 垂 郵
便	人	7	소식	편	亻 仁 佢 便
云	二	2	이를	운	一 二 云 云
謂	言	9	이를	위	言 訁 謂 謂
運	辶	9	돌	운	冖 軍 運 運
數	攴	11	운수	수	甘 甹 婁 數

사자성어 ▶ 先公後私(선공후사) : 사사로운 일이나 이익보다 공익을 앞세움.

단어정리

愚直: 어리석고 고지식함
羽毛: 새의 깃과 짐승의 털
郵便: 우체
云謂: 일러 말하다
運數: 사람의 몸에 돌아오는 길흉화복

한자	부수·획수	훈	음	필순
韻	音 10	운	운	立 音 音ᄆ 韻
律	彳 6	가락	율	彳 彳⺕ 彳聿 律
雄	隹 4	뛰어날	웅	一 広 厷 雄
傑	人 10	준걸	걸	亻 亻夕 亻舛 傑
元	儿 2	으뜸	원	一 二 亍 元
老	老 0	어른	로	土 耂 老 老
原	厂 8	근원	원	厂 厂白 原 原
本	木 1	책	본	一 十 木 本
圓	口 10	둥글	원	冂 冂口 圓 圓
卓	十 6	높을	탁	ㅣ ㅏ 卣 卓

사자성어 ▶ 前車覆轍(전거복철) : 앞 수레가 엎어진 바퀴 자국이란 뜻으로 사람의 실패 거울삼아 주의하라는 뜻.

단어정리

韻律: 시문의 음성적 형식

雄傑: 영웅호걸

元老: 연령 덕망 관직이 높은 공신; 오랫동안 어떤 일에 종사하여 공로가 있는 연로자

原本: 근본; 등본 초본 등의 근원이 되는 문서

圓卓: 둥근 탁자

한자	부수/획수	훈음 / 필순
怨	心 5	원망할 원 / 夕 夗 夗 怨
尤	尢 1	탓할 우 / 一 ナ 尢 尤
遠	辶 10	멀 원 / 土 吉 袁 遠
泳	氵 5	수영 영 / 氵 氵 氵 泳
員	口 7	인원 원 / 口 吕 員 員
數	攴 11	셈 수 / 書 婁 數 數
援	扌 9	구원할 원 / 扌 扩 援 援
助	力 5	도울 조 / 目 且 盯 助
源	氵 10	수원 원 / 氵 沥 洍 源
流	氵 6	흐름 류 / 氵 氵 浐 流

사자성어 ▶ 敬天愛人(경천애인) : 하늘을 공경(恭敬)하고 사람을 사랑함.

단어정리

怨尤: 원망함

遠泳: 장거리를 헤엄치는 일

員數: 사람의 수효

援助: 도와줌; 남을 도와줌

源流: 수원의 흐름; 수원

한자	부수/획수	훈음	필순
月	月 0	다달이 월	丿 冂 月 月
賦	貝 8	조세 부	貝 貝一 貝正 賦
越	走 5	넘을 월	丰 走 走匚 越
牆	爿 13	담 장	丨 爿 爿卒 牆
偉	人 0	클 위	亻 伫 偉 偉
人	人 0	사람 인	丿 人
危	卩 4	위태할 위	⺈ 产 危 危
殆	歹 5	위태할 태	一 歹 歹厶 殆
威	女 6	위엄 위	厂 厌 威 威
勢	力 11	기세 세	坴 埶 勢 勢

사자성어

▶ 擧案齊眉(거안제미) : 밥상을 눈썹 높이로 들어 공손히 남편 앞에 가지고 간다는 뜻으로, 남편을 깍듯이 공경함을 일컫는 말.

단어정리

月賦: 다달이 갚아감
越牆: 담을 넘음
偉人: 위대한 사람
危殆: 위태로움; 위험함
威勢: 위엄 있는 기세; 맹렬한 기세

한자	부수·획수	훈	음	필순
僞	人 9	거짓	위	亻 伫 僞 僞
造	辶 7	지을	조	牛 告 造 造
委	女 5	맡길	위	一 禾 委 委
任	人 4	맡길	임	亻 仁 仟 任
慰	心 11	위로할	위	尉 尉 尉 慰
勞	力 10	수고할	로	火 炏 勞 勞
胃	月 5	밥통	위	田 胃 胃 胃
臟	月 18	오장	장	月 肝 臟 臟
衛	行 9	방위	위	彳 衛 衛 衛
生	生 0	살	생	丿 ㅗ 牛 生

사자성어

▶ 近朱者赤(근주자적) : 붉은 빛에 가까이 하면 반드시 붉게 된다는 뜻.

단어정리

僞造: 속이려고 거짓으로 진짜처럼 만듦

委任: 어떤 일을 책임 지워 맡김

慰勞: 괴로움 슬픔을 잊게 하여 마음을 편하게 함; 수고를 치사하여 마음을 즐겁게 함

胃臟: 위와 장; 밥통과 창자

衛生: 건강의 보전 증진을 꾀하고 질병의 예방치유에 힘쓰는 일

한자	부수·획수	훈	음	필순
違	辶 9	어길	위	亠 咅 韋 違
例	人 6	법식	례	亻 仞 伢 例
唯	口 8	오직	유	忄 忄 惟 惟
一	一 0	한	일	一
幼	幺 2	어릴	유	乡 幺 幻 幼
年	干 3	해	년	丿 𠂉 仁 年
柔	木 5	부드러울	유	乛 矛 柔 柔
軟	車 4	약할	연	一 車 軟 軟
油	氵 5	기름	유	氵 汩 油 油
畫	田 7	그림	화	彐 聿 書 畫

사자성어 ▶ 竿頭之勢(간두지세) : 대가지 꼭대기에 서게 된 현상으로 어려움이 극에 달해 아주 위태로운 형세.

단어정리

違例: 상례에 어긋남
唯一: 오직하나
幼年: 어린이
柔軟: 부드럽고 연함
油畫: 기름기가 있는 채색으로 그린 그림

한자	부수·획수	훈	음	필순
猶	犭 9	망설일	유	丿 犭 犹 猶
豫	豕 9	미리할	예	予 矛 豫 豫
由	田 0	말미암	유	丨 日 日 由
來	人 6	이래	래	一 从 來 來
遊	辶 9	놀	유	方 斿 游 遊
歷	止 12	다닐	력	厂 厈 厤 歷
遺	辶 12	빠질	유	中 貴 遺 遺
漏	氵 11	샐	루	氵 沪 漏 漏
酉	酉 0	열째지지	유	一 冂 西 酉
時	日 6	시	시	言 計 詩 詩

사자성어 ▶ 甲論乙駁(갑론을박) : 서로 자기의 주장을 내세우고 남의 주장을 반박함.

단어정리

猶豫: 망설여 결행하지 않음 ; 시일을 늦춤

由來: 사물의 내력; 본디

遊歷: 여러 곳으로 놀러 돌아다님

遺漏: 빠짐; 새어버림

酉時: 오후 다섯 시부터 일곱 시까지의 시간

한자	부수·획수	훈음	필순
儒	人 14	선비 유	亻 仁 儒 儒
生	生 0	서생 생	丿 𠂉 牛 生
幽	幺 6	조용할 유	丨 丝 㓜 幽
深	氵 8	깊을 심	氵 氵冖 氵罒 深
悠	心 7	멀 유	亻 攸 攸 悠
久	丿 2	오랠 구	艹 萑 舊 舊
惟	忄 8	오직 유	忄 忄 惟 惟
獨	犭 13	홀로 독	丿 犭罒 獨 獨
維	糸 8	바 유	糸 糹 維 維
持	扌 6	버틸 지	扌 扌 持 持

사자성어 ▶ 改過遷善(개관천선) : 허물을 고치고 착하게 됨.

단어정리

儒生: 유학을 닦는 선비
幽深: 조용하고 깊숙함; 고상하고 의미가 깊음
悠久: 길고 오램
惟獨: 오직 혼자임; 오직 혼자만이
維持: 지탱함; 버티어 감

한자	부수/획수	훈음	필순
誘	言 7	꾀할 유	言 訁禾 訁秀 誘
惑	心 8	미혹 혹	一 或 或 惑
肉	肉 0	고기 육	丨 冂 内 肉
身	身 0	몸 신	丆 冂 自 身
閏	門 4	윤달들 윤	冂 門 閂 閏
年	干 3	해 년	丿 𠂉 𠂒 年
銀	金 6	은 은	釒 釒彐 釒艮 銀
器	口 13	그릇 기	吅 吅 哭 器
隱	阝 14	숨길 은	阝 阝⺈ 阝爫 隱
蔽	艹 12	덮을 폐	艹 艹㡀 艹㡀 蔽

사자성어

▶ 犬猿之間(견원지간) : 개와 원숭이 관계처럼 서로 사이가 나쁜 두 사람의 관계.

단어정리

誘惑: 남을 꾀어서 정신을 어지럽힘; 나쁜 길로 꾐

肉身: 육체, 육질로 되어 단단하지 않은 몸

閏年: 윤달이 든 해

銀器: 은기로 만

隱蔽: 덮어 감춤; 가리어 숨김

한자	부수 / 획수	훈 · 음	필순
吟	口 4	읊을 음	口 叺 吟 吟
味	口 5	맛볼 미	口 吓 咔 味
陰	阝 8	음기 음	阝 阶 险 陰
陽	阝 8	해 양	阝 阝日 陽 陽
音	音 0	소리 음	亠 立 音 音
樂	木 11	음악 악	幺 丝 樂 樂
飮	食 4	마실 음	飠 飠 飮 飮
酒	酉 3	술 주	氵 汀 酒 酒
淫	氵 8	방탕할 음	氵 氵 淫 淫
亂	乙 12	간음할 간	爫 亂 亂 亂

사자성어 ▶ 大書特筆(대서특필) : 특히 드러나게 큰 글자로 적어 표시함.

단어정리

吟味: 시가를 읊어 맛봄; 사물의 뜻을 새겨 궁구함
陰陽: 태극이 나누인 두 가지 기운으로 성질이 상반 된 것; 음과 양
音樂: 성악과 기악의 예술, 박자 가락 음색 화성들에 의해 갖가지 형으로 조립한 곡을 목소리나 악기로 연주하는 것
飮酒: 술을 마심
淫亂: 방탕하고 난잡함

한자	부수·획수	훈음	필순
泣	氵 5	울 읍	氵 汁 泣 泣
血	血 0	피 혈	′ 冂 皿 血
邑	邑 0	고을 읍	口 吕 吕 邑
里	里 0	마을 리	日 旦 甲 里
應	心 13	당할 응	广 雁 雁 應
當	田 8	마땅할 당	尚 尚 當 當
凝	冫 14	엉길 응	冫 冫 冫 凝
視	見 5	볼 시	一 亍 示 視
依	人 6	의지할 의	亻 亻 作 依
賴	貝 9	의뢰할 뢰	申 束 束 賴

사자성어 ▶ 同病相憐(동병상련) : 같은 처지에 있는 사람끼리 서로 동정하고 도움.

단어정리

泣血: 어버이 상사에 피눈물을 흘리며 슬피 욺
邑里: 읍에 속한 마을
應當: 당연히; 으레
凝視: 한동안 뚫어지게 자세히 봄
依賴: 남에게 부탁함

한자	부수·획수	훈음 / 필순
衣	衣 0	윗도리옷 의 亠 ナ 衣 衣
裳	衣 8	아랫도리옷 상 𫩏 尚 裳 裳
醫	酉 11	의원 의 医 殹 醫 醫
師	巾 7	스승 사 𠂤 𠂤 師 師
儀	人 13	예 의 亻 𠍴 儀 儀
式	弋 3	법 식 一 亍 式 式
宜	宀 5	마땅할 의 宀 宜 宜 宜
當	田 8	마땅할 당 𫩏 尚 當 當
疑	疋 9	의심할 의 𠤕 𠤕 疑 疑
心	心 0	마음 심 丶 心 心 心

사자성어 ▶ 勞心焦思(노심초사) : 몹시 마음을 졸임.

단어정리

衣裳: 저고리와 치마; 옷
醫師: 의료를 업으로 삼는 사람
儀式: 경사나 흉사의 예식을 갖추는 법식
宜當: 마땅히 그러함
疑心: 마음에 미심하게 여기는 생각

한자	부수/획수	훈	음	필순
二	二 0	두	이	一 二
重	里 2	중할	중	亠 盲 重 重
以	人 3	써	이	𠃊 𠄌 以 以
前	刀 7	앞	전	䒑 前 前 前
已	己 0	이미	이	ㄱ ㅋ 已
往	彳 5	갈	왕	彳 彳 往 往
移	禾 6	옮길	이	禾 秒 移 移
住	人 5	머무를	주	亻 亻 住 住
而	而 0	뿐	이	一 丆 丙 而
已	己 0	이미	이	ㄱ ㅋ 已

사자성어

▶ 丹脣皓齒(단순호치) : 붉은 입술과 하얀 이란 뜻에서 여자의 아름다운 얼굴을 이르는 말.

단어정리

二重: 두 겹; 거듭함
以前: 앞서; 얼마전; 그전
已往: 이미 지난
移住: 딴 곳으로 옮기어 가서 삶
而已: ~뿐임; ~일 따름임

한자	부수·획수	훈	음	필순
耳	耳 0	귀	이	一 丅 F 耳
鳴	鳥 3	울릴	명	口 咱 鳴 鳴
夷	大 3	죽일	이	一 ㅋ 丰 夷
滅	氵 10	멸할	멸	氵 汇 泝 滅
仁	人 2	어질	인	丿 亻 仁 仁
慈	心 9	사랑	자	䒑 玄 玆 慈
印	卩 4	인	인	𠂆 E flat 印
刷	刀 6	인쇄할	쇄	尸 屌 刷 刷
因	口 3	말미암을	인	冂 円 因 因
襲	衣 16	물려받을	습	音 龍 襲 襲

사자성어 ▶ 累卵之危(누란지위) : 쌓아 놓은 알과 같이 매우 위태로운 형세.

단어정리

耳鳴: 귀울림
夷滅: 멸망시킴; 삼족을 멸함
仁慈: 어진 사람
印刷: 잉크를 사용하여 판면에 그려져 있는 글이나 그림 등을 종이나 천 따위에 박아 내는
因襲: 예전대로의 습속을 좇아 고치지 아니함

한자	부수·획수	훈·음	필순
寅	宀 8	셋째지지 인	宀 宀 寅 寅
時	日 6	시 시	言 言 詩 詩
忍	心 3	참을 인	刀 刀 刃 忍
耐	而 3	견딜 내	丆 而 耐 耐
姻	女 6	인척 인	女 如 姻 姻
戚	戈 7	겨레 척	厂 厈 戚 戚
賃	貝 6	품삯 임	亻 任 賃 賃
金	金 0	금 금	人 仝 今 金
入	入 0	들 입	丿 入
國	入 0	나라 국	冂 同 國 國

사자성어 ▶ 多事多端(다사다단) : 여러 가지 일이 많고 이유도 많아 복잡함.

단어정리

寅時: 오전 3시부터 5시까지의 사이
忍耐: 참고 견딤
姻戚: 외가와 처가의 일족
賃金: 품삯; 일한 대가로 받는 보수
入國: 어떤 국가로 들어감

한자	부수/획수	훈음 / 필순
姉	女 5	누이 자 / 女 女 姉 姉
妹	女 5	누이 매 / 女 女 奸 妹
自	自 0	스스로 자 / ´ 白 自 自
動	力 9	움직일 동 / 亠 重 動 動
刺	刀 6	찌를 자 / 一 朿 刺 刺
客	宀 6	사람 객 / 宀 夊 客 客
姿	女 6	맵시 자 / 冫 次 姿 姿
態	心 10	모양 태 / 厶 能 能 態
恣	心 6	방자할 자 / 冫 次 次 恣
意	心 9	생각건대 의 / 立 音 音 意

사자성어 ▶ 馬耳東風(마이동풍) : 남의 말을 귀담아 듣지 않음.

단어정리

姉妹: 손위의 누이와 손아래 누이; 여자를 친숙한 뜻을 나타내어 이르는 말
自動: 스스로 움직임
刺客: 사람을 몰래 칼로 찔러 죽이는 사람
姿態: 몸가짐의 태도와 맵시
恣意: 방자한 마음; 제멋대로의 생각

한자	부수·획수	훈음	필순
紫	糸 5	자주빛 자	止 此 紫 紫
色	色 0	빛 색	⺈ 夕 刍 色
昨	日 5	어제 작	日 昨 昨 昨
今	人 2	이제 금	丿 人 亼 今
殘	歹 8	해칠 잔	歹 殘 殘 殘
忍	心 3	잔인할 인	𠃌 刀 刃 忍
暫	日 11	잠깐 잠	車 斬 暫 暫
時	日 6	때 시	日 時 時 時
潛	氵 12	몰래 잠	氵 潛 潛 潛
入	入 0	들 입	丿 入

사자성어 ▶ 九牛一毛(구우일모) : 많은 것 가운데서 극히 적은 것을 말함.

단어정리

紫色: 적색과 청색의 중간색; 자주색

昨今: 어제 오늘; 요즈음

殘忍: 차마 할 수 없는 무자비한 행위를 거리낌 없이 함

暫時: 얼마 되지 않는 동안

潛入: 가만히; 몰래 들어옴

한자	부수·획수	훈	음	필순
場	土 9	마당	장	土 坦 塄 場
所	戶 4	곳	소	ヨ 戶 所 所
壯	士 4	씩씩할	장	丨 爿 壯 壯
丁	一 1	일군	정	一 丁
章	立 6	법	장	亠 产 音 章
程	禾 7	법	정	禾 秄 程 程
丈	一 2	어른	장	一 ナ 丈
人	人 0	사람	인	丿 人
奬	大 11	권면할	장	爿 將 將 奬
勵	力 15	힘쓸	려	厂 厲 厲 勵

사자성어 ▶ 猫頭縣鈴(묘두현령) : 고양이 목에 방울 달기라는 뜻으로 실행할 수 없는 이론.

단어정리

場所: 처소; 자리
壯丁: 기운이 좋은 젊은 남자
章程: 규칙; 법률
丈人: 아내의 아버지
奬勵: 권하여 힘쓰게 함

한자	부수·획수	훈음	필순
帳	巾 8	휘장 장	巾 帐 帐 帳
幕	巾 11	장막 막	艹 苜 莫 幕
合	口 3	합할 합	丿 人 亼 合
掌	手 8	손바닥 장	⺍ 尚 堂 掌
莊	艹 7	엄할 장	艹 茾 荘 莊
重	里 2	무거울 중	一 亩 重 重
障	阝 11	장애 장	阝 阝 陪 障
害	宀 7	해 해	宀 宔 害 害
再	冂 4	두번 재	一 冂 再 再
考	耂 2	상고할 고	土 耂 耂 考

사자성어 ▶ 富貴在天(부귀재천) : 부귀는 하늘에 달렸으므로 사람의 힘으로는 어쩔 수 없다는 말.

단어정리

帳幕: 한데서 볕이나 비를 막기 위해 둘러친 휘장
合掌: 두 손바닥을 마주 합침
莊重: 장엄하고 정중함
障害: 거리껴서 해가 됨
再考: 다시 한 번 생각함

한자	부수·획수	훈·음	필순
材	木 3	재목 재	十 木 村 材
料	斗 6	되질할 료	丷 半 米 料
栽	木 6	심을 재	土 𡈼 耒 栽
培	土 8	복돋울 배	土 垶 培 培
財	貝 3	재물 재	目 貝 貝 財
貨	貝 4	재화 화	示 祀 禍 禍
宰	宀 7	재상 재	宀 宀 宀 宰
相	目 4	정승 상	木 相 相 相
災	火 3	재앙 재	巛 巛 巛 災
殃	歹 5	재앙 앙	一 歹 殃 殃

사자성어 ▶ 山戰水戰(산전수전) : 산과 물에서의 싸움을 다 겪음. 세상일의 온갖 고난을 다 겪음.

단어정리

材料: 물건을 만드는 감; 일을 할 거리
栽培: 초목을 심어서 가꿈
財貨: 재물
宰相: 왕을 도와 백료를 지휘 감독하는 지위에 잇는 이품 이상의 벼슬의 총칭
災殃: 천변지이로 인한 불행한 사고

한자	부수·획수	훈	음	필순
裁	衣 6	분별할	재	土 圭 𢦏 裁
判	刀 5	판단	판	八 半 半刂 判
爭	爪 4	다툴	쟁	一 爫 乎 爭
取	又 6	취할	취	𠃊 耳 耴 取
低	人 5	낮을	저	亻 仁 伒 低
廉	广 10	쌀	렴	广 庐 廉 廉
著	艹 9	지을	저	艹 苎 荖 著
述	辶 5	지을	술	十 朮 沭 述
貯	貝 5	쌓을	저	目 貝 貯 貯
藏	艹 14	곳집	장	艹 芹 蔵 藏

사자성어

▶ 我田引水(아전인수) : 자기 논에만 물을 끌어넣는다는 뜻으로 ① 자기의 이익을 먼저 생각하고 행동함 ② 억지로 자기에게 이롭도록 꾀함을 이르는 말.

단어정리

裁判: 시비곡직을 판단함; 소송에 대하여 법률을 적용하여 심판함
爭取: 다투어 빼앗아 가짐
低廉: 값이 쌈
著述: 책을 지음; 저작
貯藏: 쌓아서 간직해 둠

한자	부수 / 획수	훈음	필순
底	广 5	초고 저	广 庀 底 底
本	木 1	밑 본	一 十 木 本
抵	扌 5	닥뜨릴 저	扌 扩 抵 抵
抗	扌 4	막을 항	扌 扩 扩 抗
的	白 3	목표 적	白 白 的 的
中	丨 3	가운데 중	丨 冂 口 中
赤	赤 0	빌 적	土 圥 赤 赤
手	手 0	손 수	一 二 三 手
寂	宀 8	고요할 적	宀 宇 宋 寂
寞	宀 11	쓸쓸할 막	宀 宀 宵 寞

사자성어 ▶ 桑田碧海(상전벽해) : 뽕나무밭이 푸른 바다가 되었다는 뜻으로, 세상이 몰라 볼 정도로 바뀐 것을 말함.

단어정리

底本: 초고

抵抗: 불의나 탄압에 굴하지 않고 반항함

的中: 목표에 어김없이 들어맞음

赤手: 맨손; 빈손

寂寞: 고요하고 쓸쓸함

한자	부수·획수	훈	음	필순
滴	氵 11	물방울	적	氵 氵 滴 滴
水	水 0	물	수	亅 才 水 水
積	禾 11	쌓을	적	禾 秸 積 積
載	車 6	실을	재	十 車 載 載
賊	貝 6	도둑	적	貝 賊 賊 賊
患	心 7	근심	환	口 串 串 患
傳	人 11	전할	전	亻 便 傳 傳
達	辶 9	이를	달	土 幸 達 達
全	入 4	온통	전	入 仝 仝 全
部	邑 8	거느릴	부	亠 立 咅 部

사자성어

▶ 吳越同舟(오월동주) : 오나라 사람과 월나라 사람이 한 배에 타고 있다는 뜻으로 ① 어려운 상황에서는 원수라도 협력하게 된다. ② 전혀 뜻이 다른 사람들이 한자리에 있게 됨.

단어정리

滴水: 떨어지는 물방울

積載: 화물차 등에 물건을 쌓아 실음

賊患: 도둑에 대한 근심

傳達: 전하여 이르게 함

全部: 모두 다

한자	부수/획수	훈음	필순
典	八 6	책 전	冂 巾 曲 典
籍	竹 14	문서 적	竺 箬 籍 籍
前	刀 7	앞 전	䒑 肯 前 前
科	禾 4	법 과	千 禾 禾 科
展	尸 7	펼 전	尸 屈 屏 展
望	月 7	바라볼 망	亡 朢 望 望
戰	戈 12	싸움 전	吅 單 戰 戰
略	田 6	대강 략	田 畂 略 略
田	田 0	밭 전	丨 冂 田 田
園	囗 10	동산 원	冂 円 園 園

사자성어 ▶ 無爲徒食(무위도식) : 아무 하는 일도 없이 먹고 놀기만 함.

단어정리

典籍: 책; 서적

前科: 이전에 형벌을 받은 일

展望: 멀리 바라봄 또는 그 경치; 앞날을 내다봄

戰略: 작전 계획

田園: 논밭과 동산; 시골

한자	부수·획수	훈	음	필순
錢	金 8	돈	전	𠆢 釒 鈛 錢
主	丶 4	주	주	丶 亠 丰 主
電	雨 5	번개	전	⻗ 雷 雷 電
線	糸 9	선	선	糹 絈 綿 線
專	寸 8	오로지	전	一 叀 専 專
念	心 4	생각	념	人 亼 今 念
殿	殳 9	큰집	전	⺕ 屏 㞟 殿
堂	土 8	집	당	⺌ 尚 堂 堂
轉	車 11	구를	전	亘 車 𨍏 轉
落	艹 9	떨어질	락	艹 茳 落 落

사자성어

▶ 脣亡齒寒(순망치한) : 입술을 잃으면 이가 시리다는 뜻으로, ① 가까운 사이의 한쪽이 망하면 다른 한쪽도 그 영향을 받아 온전하기 어려움을 비유하여 이르는 말 ② 서로 도우며 떨어질 수 없는 밀접한 관계, 또는 서로 도움으로써 성립되는 관계를 비유하여 이르는 말.

단어정리

錢主: 사업의 밑천을 대어 주는 사람
電線: 전류가 통하도록 만든 도체의 금속선; 전기선
專念: 오로지 그 일에만 마음을 씀; 몰두
殿堂: 신불을 모신 집; 크고 화려한 집
轉落: 굴러 떨어짐

한자	부수 / 획수	훈	음	필순
絶	糸 6	떨어질	절	糹 約 絡 絶
糧	米 12	양식	량	米 粐 糧 糧
切	刀 2	온통	체	一 七 切 切
迫	辶 5	닥칠	박	白 白 迫 迫
竊	穴 17	훔칠	절	宀 窃 竊 竊
盜	皿 7	훔칠	도	氵 次 盜 盜
占	卜 3	점칠	점	丨 ⺊ 占 占
卜	卜 0	점	복	丨 卜
漸	氵 11	차차	점	氵 漣 漸 漸
進	辶 8	나아갈	진	亻 隹 進 進

사자성어

▶ 拔本塞源(발본색원) : 근본을 빼내고 원천을 막아 버린다는 뜻으로, 사물의 폐단을 없애기 위해서 그 뿌리째 뽑아 버림을 이르는 말.

단어정리

絶糧: 양식이 떨어짐

切迫: 기한이 썩 급하여짐

竊盜: 남의 물건을 몰래 훔치는 일; 도둑질

占卜: 점을 치는 것

漸進: 차차; 차츰차츰; 보리가 잘 자라는 모양

한자	부수/획수	훈·음	필순
點	黑 5	불결 점	罒 黒 黙 點
火	火 0	불 화	丶 丷 少 火
蝶	虫 9	나비 접	虫 蚲 蜨 蝶
泳	氵 5	수영 영	氵 氵 汈 泳
井	二 2	정자꼴 정	一 二 夬 井
然	火 8	그럴 연	夕 伏 狀 然
停	人 9	머무를 정	亻 亠 倬 停
學	子 13	학교 학	⺕ 㕡 𦥯 學
定	宀 5	정할 정	宀 宁 宇 定
額	頁 9	머릿수 액	客 客 額 額

사자성어 ▶ 讀書三昧(독서삼매) : 잡념이 없이 오직 책을 읽는 데에만 골몰한 경지.

단어정리

點火: 불을 켬; 불을 붙임

蝶泳: 두 손을 동시에 앞으로 뻗쳐 물을 끌어당기면서 헤엄치는 수영법

井然: 한결같이 가지런한 모양

停學: 교칙을 위반한 학생의 등교를 정지시키는 일

定額: 일정한 금액; 정해진 금액

한자	부수/획수	훈	음	필순
庭	广 7	뜰	정	广 庄 庄 庭
園	囗 10	동산	원	冂 冂 園 園
情	忄 8	뜻	정	忄 怈 情 情
緖	糸 9	실마리	서	糸 紶 緒 緖
政	攴 4	정사	정	一 正 政 政
局	尸 4	판	국	ㅋ 尸 局 局
正	止 1	바를	정	一 丅 正 正
統	糸 6	거느릴	통	糸 紘 紡 統
淨	氵 8	깨끗할	정	氵 氵 淨 淨
化	匕 2	교화	화	丿 亻 化 化

사자성어 ▶ 梁上君子(양상군자) : 들보 위에 군자라는 뜻으로 도둑을 미화해서 부른 말.

단어정리

庭園: 집안에 있는 뜰
情緖: 감정의 실마리
政局: 정치 사회의 형세
正統: 바른 계통; 정식의 규정
淨化: 깨끗하게 함

한자	부수·획수	훈음	필순
情	忄 8	뜻 정	忄 忭 情 情
神	示 5	혼 신	礻 祁 神 神
貞	貝 2	곧을 정	⺊ 貞 貞 貞
烈	火 6	굳셀 렬	歹 歹 列 烈
靜	靑 8	조용할 정	靑 靜 靜 靜
肅	聿 7	엄숙할 숙	⺕ 肀 肅 肅
頂	頁 2	꼭대기 정	丁 丁 頂 頂
上	一 2	윗 상	丨 卜 上
亭	亠 7	우뚝솟을 정	亠 亠 亭 亭
亭	亠 7	우뚝솟을 정	亠 亠 亭 亭

사자성어 ▶ 一波萬波(일파만파) : 무슨 일의 파급 효과가 끝없이 번져 나감.

단어정리

情神: 마음이나 생각; 의식
貞烈: 부녀의 행실이 곧고 매움
靜肅: 고요하고 엄숙함
頂上: 산의 맨 꼭대기
亭亭: 나무 따위가 우뚝 높이 솟은 모양; 노인이 강건한 모양

한자	부수	획수	훈	음	필순
征	彳	5	칠	정	彳 行 征 征
服	月	4	좇을	복	刀 月 肌 服
整	攴	12	가지런할	정	束 敕 整 整
理	王	7	다스릴	리	王 玾 理 理
訂	言	2	바로잡을	정	言 言 訂 訂
正	止	1	바를	정	一 丁 正 正
帝	巾	6	임금	제	亠 产 产 帝
王	王	0	임금	왕	一 二 干 王
弟	弓	4	제자	제	丷 当 弟 弟
子	子	0	아들	자	乛 了 子

사자성어 ▶ 桃園結義(도원결의) : 촉나라 도원에서 유비, 관우, 장비가 형제의 의를 맺었다는 말로 의형제를 맺음.

단어정리

征服: 적이나 반역을 군사로써 치는 일
整理: 가지런히 바로잡아 다스림
訂正: 잘못을 고쳐서 바로잡음
帝王: 제국의 원수
弟子: 가르침을 받거나 받은 사람

한자	부수·획수	훈	음	필순
祭	示 6	제사	제	夕 タ癶 炛 祭
祀	示 3	제사지낼	사	亍 示 礻コ 祀
第	竹 5	차례	제	⺮ 笃 第 第
一	一 0	첫째	일	一
製	衣 8	만들	제	缶 制 製 製
造	辶 7	지을	조	牛 告 浩 造
諸	言 9	여러	제	言 訲 諸 諸
般	舟 4	일반	반	⺆ 舟 舟ㄴ 般
除	阝 7	뜰	제	了 阝 阝ㅅ 除
去	厶 3	떨어질	거	ㅁ 𧾷 跖 距

사자성어

▶ 切磋琢磨(절차탁마) : 옥돌을 자르고 줄로 쓸고 끌로 쪼고 갈아 빛을 내다는 뜻으로, 학문이나 인격을 갈고 닦음.

단어정리

祭祀: 죽은 혼령에게 의식을 갖추어 음식을 차려 놓고 정성을 표함

第一: 첫째; 으뜸

製造: 원료로써 물건을 만듦

諸般: 여러 가지

除去: 떨어 버림; 없애 버림

한자	부수·획수	훈음	필순
題	頁 9	표제 제	日 旦 是 題
目	目 0	세목 목	丨 月 目
堤	土 9	둑 제	扌 坦 垾 堤
防	阝 4	둑 방	了 阝 阝 防
濟	氵 14	구제할 제	氵 洃 涥 濟
民	氏 1	백성 민	ㄱ ㅋ 巳 民
齊	齊 0	다스릴 제	亠 亣 产 齊
家	宀 7	집 가	宀 宇 家 家
兆	儿 4	조짐 조	丬 兆 兆 兆
候	人 8	조짐 후	亻 伫 侯 候

사자성어 ▶ 自繩自縛(자승자박) : 자기의 줄로 제 몸을 묶는다는 말. 자기가 한 언행으로 자기를 구속함.

단어정리

題目: 책의 표제; 품명
堤防: 둑; 방죽
濟民: 어려운 인민을 구제함
齊家: 집 안을 다스림
兆候: 징조

한자	부수	획수	훈	음	필순
助	力	5	도울	조	目 且 盯 助
言	言	0	말할	언	一 二 亖 言
早	日	2	일찍	조	冂 日 旦 早
熟	火	11	익을	숙	享 孰 孰 熟
朝	月	8	조정	조	古 卓 朝 朝
廷	廴	4	조정	정	二 壬 廷 廷
祖	示	5	선조	조	礻 祁 祖 祖
上	一	2	웃	상	丨 卜 上
調	言	8	고를	조	言 訂 訶 調
味	口	5	맛	미	口 吁 咔 味

사자성어 ▶ 一筆揮之(일필휘지) : 글씨나 그림을 단숨에 써 냄.

단어정리

助言: 옆에서 말참견하여 도와 줌
早熟: 일찍 익음; 나이보다 일찍 성숙함
朝廷: 나라의 정치를 의논 집행하던 곳
祖上: 돌아가신 어버이 위로 대대의 어른
調味: 음식의 맛을 고르게 맞춤

한자	부수/획수	훈음	필순
弔	弓 1	위문할 조	一 コ 弓 弔
問	口 8	찾을 문	𠃍 門 門 問
操	扌 13	부릴 조	扌 扌 操 操
縱	糸 11	방종할 종	糸 糸 縱 縱
條	木 7	가지 조	亻 攸 條 條
目	目 0	세목 목	丨 月 目
潮	氵 12	조수 조	氵 淖 潮 潮
流	氵 6	흐름 류	氵 广 汒 流
照	火 9	비출 조	日 昭 昭 照
明	日 4	빛 명	冂 日 明 明

사자성어 ▶ 說往說來(설왕설래) : 서로 변론을 주고받으며 옥신각신 함.

단어정리

弔問: 상주된 사람을 위문함

操縱: 마음대로 다루어 부림

條目: 한 개 한 개 벌린 일의 가닥

潮流: 조수로 인한 바닷물의 흐름; 시세의 경향

照明: 밝게 비침; 무대효과 또는 촬영 효과를 높이기 위해 광선을 줌

한자	부수·획수	훈	음	필순
租	禾 5	빌	조	千 禾 和 租
借	人 8	빌릴	차	亻 仁 供 借
組	糸 5	짤	조	糸 糿 組 組
織	糸 12	짤	직	糸 紵 織 織
足	足 0	발	족	口 早 尸 足
下	一 2	낮을	하	一 丅 下
尊	寸 9	높을	존	八 酋 尊 尊
敬	攴 9	공경	경	艹 芍 茍 敬
卒	十 6	마칠	졸	亠 亣 亦 卒
業	木 9	업	업	丷 业 业 業

사자성어 ▶ 愚問賢答(우문현답) : 어리석은 질문에 현명한 대답.

단어정리

租借: 가옥 또는 토지 같은 것을 세를 내고 빌림

組織: 실을 짜서 길쌈함; 단체 또는 사회를 구성하는 각 요소가 결합하여 통일체로 되는 것

足下: 발 밑;동배에 대한 경칭

尊敬: 존중히 여겨 공경함

卒業: 학생이 규정된 학업을 마침

한자	부수/획수	훈	음	필순
拙	扌 5	졸할	졸	扌 扌凵 扌屮 拙
劣	力 4	못할	렬	丿 小 少 劣
宗	宀 5	겨레	종	宀 宀 宇 宗
親	見 9	친할	친	立 亲 亲 親
從	彳 8	종사할	종	彳 彸 徉 從
事	亅 7	일삼을	사	一 亖 事 事
種	禾 9	심을	종	禾 秆 種 種
樹	木 12	나무	수	木 朩 植 樹
終	糸 5	마칠	종	糸 紁 終 終
身	身 0	몸	신	丿 门 身 身

사자성어

▶ 山海珍味(산해진미) : 산과 바다의 산물을 다 갖추어 성대하게 차린 진귀한 음식.

단어정리

拙劣: 옹졸하고 비열함

宗親: 임금의 친족; 종실

從事: 어떤 일을 일삼아서 함

種樹: 나무를 심

終身: 한 평생; 죽을 때까지

한자	부수·획수	훈음	필순
坐	土 4	앉을 좌	人 从 坐 坐
視	見 5	볼 시	一 亍 礻 視
左	工 2	낮을 좌	一 ナ 左 左
遷	辶 12	옮길 천	覀 䙴 遷 遷
佐	人 5	도울 좌	亻 仁 佐 佐
命	口 5	분부 명	丿 人 合 命
座	广 7	자리 좌	广 庈 座 座
談	言 8	이야기 담	言 訁 談 談
罪	罒 8	허물 죄	罒 罒 罪 罪
囚	口 2	죄수 수	丨 冂 囚 囚

사자성어

▶ 易如反掌(이여반장) : 손바닥을 뒤집는 것처럼 쉬움.

단어정리

坐視: 앉아서 봄, 즉 간섭하지 않고 가만히 두고 보기만 함

左遷: 관리가 높은 자리에서 낮은 자리로 떨어짐

佐命: 임금이나 천명을 받아 임금이 될 사람을 도움

座談: 자리 잡고 앉아서 하는 이야기

罪囚: 죄를 범한 사람; 유죄 판결을 받은 사람

한자	부수·획수	훈음	필순
晝	日 7	낮 주	⺕ 聿 書 晝
間	門 4	틈 간	「 門 門 間
朱	木 2	붉을 주	ノ 𠂉 牛 朱
門	門 0	문 문	「 𠁣 門 門
注	氵 5	뜻둘 주	氵 氵 汁 注
意	心 9	생각건대 의	产 音 音 意
走	走 0	달릴 주	土 丰 赱 走
狗	犭 5	개 구	ノ 犭 犳 狗
周	口 5	둘레 주	丿 冂 周 周
邊	辶 15	곁 변	自 臱 邊 邊

사자성어 ▶ 五里霧中(오리무중) : 어떤 일의 방향이나 갈피를 잡을 수 없음.

단어정리

晝間: 낮 동안

朱門: 붉은 칠을 한 문; 지위가 높은 사람의 집

注意: 마음에 둠

走狗: 사냥 때에 부리는 잘 달리는 개; 남의 앞잡이 노릇하는 사람을 비유하여 일컫는 말

周邊: 둘레의 언저리; 둥근 그릇의 아가리에 둘린 전의 둘레

한자	부수·획수	훈음	필순
奏	大 6	연주할 주	三 夫 夫 奏
樂	木 11	음악 악	幺 幺幺 樂 樂
州	巛 3	고을 주	丿 少 州 州
郡	邑 7	고을 군	彐 君 郡 郡
柱	木 5	기둥 주	木 木 柱 柱
石	石 0	굳을 석	一 丆 石 石
株	木 6	주식 주	木 木 株 株
主	丶 4	주인 주	丶 亠 主 主
珠	王 6	구슬 주	王 王 珠 珠
算	竹 8	셀 산	竹 笪 笪 算

사자성어 ▶ 纖纖玉手(섬섬옥수) : 가냘프고 고운 여자의 손.

단어정리

奏樂: 음악을 연주함
州郡: 주와 군의 뜻으로 지방을 일컬음
柱石: 기둥과 주춧돌; 가장 중요한 지위에 있거나 요긴한 역할을 하는 사람
株主: 주식을 소유하는 사람
珠算: 주판으로 하는 계산

한자	부수	획수	훈	음	필순
舟	舟	0	배	주	′ 力 舟 舟
車	車	0	수레	차	一 百 亘 車
鑄	金	14	부어만들	주	金 鉒 鋳 鑄
造	辶	7	지을	조	牛 告 浩 造
竹	竹	0	대	죽	丿 亇 竹 竹
簡	竹	12	대쪽	간	竺 笁 筒 簡
俊	人	7	뛰어날	준	亻 佇 侒 俊
秀	禾	2	빼어날	수	千 禾 秀 秀
遵	辶	12	좇을	준	酋 尊 遵 遵
守	宀	3	지킬	수	宀 宀 宇 守

사자성어

▶ 人面獸心(인면수심) : 얼굴은 사람의 모습을 하였으나 마음은 짐승과 같다는 뜻으로 ① 남의 은혜를 모름, 또는 마음이 몹시 흉악함을 이르는 말 ② 사람의 도리(道理)를 지키지 못하고 배은망덕하거나 행동이 흉악하고 음탕한 사람

단어정리

舟車: 배와 수레; 교통기관

鑄造: 쇠를 녹여 부어 물건을 만드는 일; 활자를 만드는 일

竹簡: 옛날에 종이가 없었을 때, 글씨를 쓰던 댓조각; 책

俊秀: 재주, 슬기, 풍채가 뭇 사람에 뛰어남

遵守: 그대로 좇아 지킴

한자	부수·획수	훈음	필순
中	丨 3	가운데 중	丨 冂 口 中
央	大 2	가운데 앙	冂 冂 央 央
衆	血 6	많을 중	血 血 衆 衆
多	夕 3	많을 다	ク 夕 多 多
仲	人 4	가운데 중	亻 仲 仲 仲
介	人 2	소개할 개	ノ 人 介 介
卽	卩 7	곧 즉	白 皀 卽 卽
刻	刀 6	각박할 각	亠 亥 刻 刻
增	土 12	늘릴 증	土 増 増 增
築	竹 10	지을 축	竹 筑 築 築

사자성어 ▶ 顔面不知(안면부지) : 만난 일이 없어 얼굴을 모르거나 얼굴조차 모르는 사람.

단어정리

中央: 한 가운데; 가장 긴요한 위치; 서울

衆多: 많음과 적음

仲介: 어떤 일을 당사자의 중간에서 주선하는 일

卽刻: 당장에 곧

增築: 집 따위를 더 늘리어 지음

한자	부수/획수	뜻·음	필순
曾	日 8	더할 증	八 㑒 曾 曾
孫	子 7	손자 손	孑 孑 孫 孫
證	言 12	증거 증	言 訁 證 證
言	言 0	말할 언	一 二 三 言
憎	忄 12	미워할 증	忄 忄 憎 憎
惡	心 8	미워할 오	一 亞 亞 惡
症	疒 5	증세 증	广 疒 疔 症
勢	力 11	형세 세	坴 埶 埶 勢
蒸	艹 10	찔 증	艹 芋 蒸 蒸
發	癶 7	떠날 발	癶 癶 發 發

사자성어 ▶ 戰戰兢兢(전전긍긍) : 전전(戰戰)은 겁을 먹고 벌벌 떠는 것. 매우 두려워하여 겁내는 모양.

단어정리

曾孫: 아들의 손자

證言: 증거로 대거나 사실을 증명하는 말

憎惡: 몹시 미워함

症勢: 병으로 앓는 여러 가지 모양

蒸發: 액체의 표면에서만 기화가 일어나는 현상

한자	부수 / 획수	훈	음	필순
贈	貝 12	줄	증	貝 貝丷 貝㑒 贈
與	車 10	실을	여	𠂉 𦥑 𦥑 與
地	土 3	지위	지	圡 圢 坤 地
位	人 5	자리	위	亻 仁 位 位
志	心 3	뜻	지	一 十 士 志
向	口 3	향할	향	丿 𠂆 冂 向
指	扌 6	가르킬	지	扌 扩 指 指
摘	扌 11	손가락질할	적	扌 扩 摘 摘
支	支 0	지급	지	一 十 支 支
出	凵 3	나갈	출	凵 屮 出 出

사자성어

▶ 輕擧妄動(경거망동) : 가볍고 망령되게 행동한다는 뜻으로, 도리나 사정을 생각하지 아니하고 경솔하게 행동함.

단어정리

贈與: 물건을 선사로 보냄
地位: 처지; 위치; 신분
志向: 뜻을 품고 나아가는 방향
指摘: 손가락질하여 가리킴; 잘못을 가리켜 적발함
支出: 어떤 목적을 위해 금전을 내어 줌

한자	부수·획수	훈·음	필순
枝	木 4	가지 지	朩 朩 枝 枝
葉	艹 9	잎 엽	艹 苹 華 葉
止	止 0	그칠 지	丨 ⺊ 屮 止
揚	扌 9	오를 양	扌 扫 掦 揚
知	矢 3	알 지	丿 𠂉 矢 知
友	又 2	벗 우	一 ナ 方 友
紙	糸 4	종이 지	糹 紅 紅 紙
幣	巾 12	돈 폐	㡀 敝 幣 幣
智	日 8	슬기 지	𠂉 矢 知 智
慧	心 11	슬기로울 혜	丰 丰丰 彗 慧

사자성어 ▶ 始終如一(시종여일) : 처음이나 나중이 변함없이 한결 같음.

단어정리

枝葉: 나무의 가지와 잎

止揚: 지금 것을 버리고 더 높은 단계로 발전시킴

知友: 서로 마음을 아는 친한 벗

紙幣: 종이에 인쇄하여 만든 화폐

智慧: 슬기; 분별하는 마음의 작용

한자	부수/획수	훈	음	필순
池	氵 3	못	지	氵 氵 沖 池
塘	土 10	못	당	扌 圹 塘 塘
遲	辶 12	늦을	지	尸 犀 遅 遲
滯	氵 11	머무를	체	氵 氵 滞 滯
直	目 3	바로	직	一 十 有 直
通	辶 7	통할	통	マ 甬 诵 通
職	耳 12	벼슬	직	耳 耻 聕 職
責	貝 4	책임	책	一 丰 青 責
盡	皿 9	다할	진	⺕ 聿 肃 盡
力	力 0	힘	력	𠃌 力

사자성어 ▶ 思無邪(사무사) : 마음에 전혀 사악함이 없음.

단어정리

池塘: 못
遲滯: 기한에 뒤짐; 어물어물하여 늦어짐
直通: 어떤 지점에서 목적지까지 아무런 막음 없이 곧장 통함
職責: 직무상의 책임
盡力: 힘을 다함

한자	부수/획수	훈	음	필순
振	扌 7	떨칠	진	扌 扩 扸 振
揚	扌 9	날릴	양	扌 押 担 揚
珍	王 5	보배	진	王 玠 珍 珍
貴	貝 5	귀할	귀	口 中 冑 貴
鎭	金 10	진정할	진	金 釒 鉔 鎭
撫	扌 12	누를	무	扌 扩 撫 撫
陣	阝 7	진	진	阝 阝 陌 陣
營	火 13	진영	영	火 炏 熒 營
陳	阝 8	늘어놓을	진	阝 阝 陣 陳
列	刀 4	반열	열	一 歹 列 列

사자성어

▶ 賊反荷杖(적반하장) : 도둑이 도리어 몽둥이를 든다는 뜻으로, 잘못한 사람이 도리어 잘 한 사람을 나무라는 경우를 이르는 말.

단어정리

振揚: 떨쳐 날림
珍貴: 보배롭고 귀중함
鎭撫: 난리나 들뜬 민심을 진정시켜 다스림
陣營: 군대가 집결된 곳
陳列: 물건 따위를 보이기 위하여 죽 벌여 놓음

한자	부수	획수	훈	음	필순
震	雨	7	흔들릴	진	一 霄 霢 震
動	力	9	움직일	동	亠 重 動 動
姪	女	6	조카딸	질	女 女 姪 姪
女	女	0	계집	녀	𠃋 女 女
疾	疒	5	병	질	亠 疒 疾 疾
病	疒	5	병	병	亠 疒 疒 病
秩	禾	5	차례	질	禾 秆 秩 秩
序	广	4	차례	서	亠 广 序 序
集	隹	4	모일	집	亻 隹 隼 集
團	口	11	모일	단	冂 圃 團 團

사자성어 ▶ 吾鼻三尺(오비삼척) : 내 코가 석자. 남을 돌볼 여유가 없음을 말함.

단어정리

震動: 흔들림

姪女: 조카딸

疾病: 모든 병; 질환

秩序: 사물의 조리; 순서

集團: 모임; 상호간에 결합되어 생활을 함께 영위하는 생활체

한자	부수/획수	훈음	필순
徵	彳 12	거둘 징	彳 徨 徨 徵
收	攴 2	거둘 수	丨 丩 収 收
懲	心 15	징계할 징	彳 徨 徵 懲
惡	心 8	나쁠 악	一 亞 亞 惡
差	工 7	틀릴 차	丷 䒑 羊 差
異	田 6	다를 이	田 甲 里 異
着	目 7	붙을 착	䒑 䒑 羊 着
席	巾 7	자리 석	亠 广 庐 席
捉	扌 7	잡을 착	扌 扌 押 捉
囚	囗 2	가둘 수	丨 冂 囚 囚

사자성어 ▶ 束手無策(속수무책) : 어찌할 도리가 없어 꼼짝 못함.

단어정리

徵收: 나라에서 세금이나 그 밖에 돈이나 물건을 받아들임
懲惡: 옳지 못한 일을 징계함
差異: 서로 같지 않음
着席: 자리에 앉음
捉囚: 죄 지은 사람을 잡아 가둠

한자	부수	획수	훈	음	필순
錯	金	8	어긋날	착	釒 鉗 鉗 錯
覺	見	13	깨달을	각	𦥯 覺
讚	言	19	기릴	찬	言 讚
美	羊	3	아름다울	미	䒑 羊 美 美
贊	貝	12	도울	찬	兟 贊
助	力	5	도울	조	日 且 助 助
參	厶	9	참여할	참	厶 參
酌	酉	3	술부을	작	一 西 酉 酌
慘	忄	11	아플	참	忄 慘
死	歹	2	죽을	사	一 歹 死

사자성어

▶ 烏合之卒(오합지졸) : 까마귀가 모인 것 같은 무리라는 뜻으로, 질서 없이 어중이떠중이가 모인 군중을 뜻한다. 또는 제각기 보잘것없는 수많은 사람.

단어정리

錯覺: 잘못 인식함

讚美: 아름다운 것을 기림; 기리어 칭송함

贊助: 도움; 보조; 뜻을 같이 하여 도와줌

參酌: 이리저리 비교해 알맞게 헤아림; 정상을 참작함

慘死: 참혹하게 죽음

한자	부수·획수	훈음	필순
慙	心 11	부끄러워할 **참**	亘 斬 斬 慙
悔	忄 7	뉘우칠 **회**	忄 忙 悔 悔
唱	口 8	부를 **창**	口 口日 唱 唱
歌	欠 10	노래 **가**	可 可 哥 歌
昌	日 4	창성할 **창**	日 昌 昌 昌
盛	皿 7	성할 **성**	厂 成 盛 盛
倉	人 8	곳집 **창**	人 亼 倉 倉
庫	广 7	곳집 **고**	广 庫 庫 庫
創	刀 10	비롯할 **창**	人 亼 倉 創
刊	刀 3	새길 **간**	一 二 千 刊

사자성어 ▶ 小貪大失(소탐대실) : 작은 것을 탐내다가 오히려 큰 것을 잃음.

단어정리

慙悔: 부끄러워하며 뉘우침

唱歌: 곡조에 맞추어 노래 부름

昌盛: 번성하고 잘 되어 감

倉庫: 곳집; 곳간

創刊: 정기 간행물인 신문, 잡지 따위의 맨 첫 번 것을 간행함

한자	부수·획수	훈·음	필순
暢	日 10	통할 창	日 申 暘 暢
達	辶 9	통할 달	幸 㚔 達 達
蒼	艹 10	푸를 창	艹 苂 蒼 蒼
空	穴 3	하늘 공	宀 穴 空 空
採	扌 8	가릴 채	扌 扌 抔 採
擇	扌 13	가릴 택	扌 扌 擇 擇
菜	艹 8	나물 채	艹 艹 苹 菜
蔬	艹 11	푸성귀 소	艹 䓁 蔬 蔬
債	人 11	빚 채	亻 佧 倩 債
務	力 9	힘쓸 무	マ 矛 矜 務

사자성어 ▶ 謙讓之德(겸양지덕) : 겸손하고 사양하는 미덕

단어정리

暢達: 막힘이 없이 통달됨; 구김살이 없이 자라남
蒼空: 푸른 하늘
採擇: 가려서 취함
菜蔬: 남새; 푸성귀
債務: 특정한 사람에게 대하여 행위 또는 급부를 해야 할 의무

한자	부수·획수	훈음 / 필순
彩	彡 8	채색 채 爫 平 采 彩
色	色 0	빛 색 ⺈ 㐫 刍 色
冊	冂 3	권 책 丿 冂 冂 冊
立	立 0	세울 립 ' 亠 亣 立
妻	女 5	아내 처 一 㞢 妻 妻
家	宀 7	집 가 宀 字 家 家
尺	尸 1	자 척 ㄱ ㅋ 尸 尺
度	广 6	잴 탁 广 产 庹 度
千	十 1	천번 천 一 二 千
秋	禾 4	때 추 千 禾 秒 秋

사자성어 ▶ 白面書生(백면서생) : 글만 읽고 세상일에 전혀 경험이 없는 사람.

단어정리

彩色: 그림 같은 데에 색을 칠함
冊立: 황태자나 황후를 조칙으로 봉하여 세우는 것
妻家: 아내의 친정
尺度: 계량, 평가의 기준
千秋: 먼 세월; 오래고 긴 세월

한자	부수/획수	훈음	필순
天	大 1	하늘 천	一 二 于 天
涯	氵 8	끝 애	氵 汇 洰 涯
泉	水 5	샘 천	白 宇 臬 泉
水	水 0	물 수	亅 才 水 水
淺	氵 8	얕을 천	氵 浅 淺 淺
薄	艹 13	엷을 박	艹 茳 蒲 薄
薦	艹 13	올릴 천	艹 芦 荐 薦
擧	臼 10	들 거	𦥑 與 與 擧
鐵	金 13	쇠 철	金 鉒 鐟 鐵
甲	田 0	갑옷 갑	冂 日 日 甲

사자성어 ▶ 四面春風(사면춘풍) : 항상 좋은 얼굴로 남을 대하여 누구에게나 호감을 삼.

단어정리

天涯: 하늘 끝; 아주 머나먼 곳
泉水: 샘 물
淺薄: 생각이나 학문이 얕음
薦擧: 사람을 어떤 자리에 쓰도록 추천함
鐵甲: 쇠로 만든 갑옷

한자	부수·획수	훈음	필순
哲	口 7	밝을 철	扌 折 哲 哲
學	子 12	학문 학	𦥑 與 學 學
撤	扌 12	치울 철	扌 扩 揹 撤
去	厶 3	버릴 거	一 十 土 去
尖	小 3	뾰족할 첨	亅 小 尖 尖
銳	金 7	날카로울 예	金 金丷 鉛 銳
添	氵 8	더할 첨	氵 汀 沃 添
附	阝 5	붙일 부	阝 阝 附 附
妾	女 5	첩 첩	亠 立 妾 妾
室	宀 6	집 실	宀 宀 宏 室

사자성어 ▶ 傍若無人(방약무인) : 옆에 사람이 없는 것처럼 언행을 제멋대로 하는 사람.

단어정리

哲學: 인생의 의의; 세계의 본체 등 궁극의 근본 원리를 연구하는 학문
撤去: 걷어 치워 버림
尖銳: 뾰족하고 날카로움
添附: 더하여 붙임
妾室: 첩을 점잖게 일컫는 말

한자	부수·획수	훈음	필순
晴	日 8	갤 청	日 日+ 日丰 晴
朗	月 6	밝을 랑	' 自 良 朗
淸	氵 8	깨끗할 청	氵 氵丰 氵丰 淸
掃	扌 8	쓸 소	氵 氵' 氵' 消
靑	靑 0	젊은 청	一 丰 靑 靑
春	日 5	봄 춘	三 夫 春 春
廳	广 22	대청 청	广 严 廳 廳
舍	舌 2	집 사	人 亼 仐 舍
體	骨 13	몸 체	冎 骨 體 體
格	木 6	자리 격	木 杪 格 格

사자성어 ▶ 武陵桃源(무릉도원) : 속세를 떠난 별천지. 이상향.

단어정리

晴朗: 하늘이 깨끗이 개어서 맑음
淸掃: 깨끗이 쓸고 닦음; 더러운 것을 없애어 깨끗이 함
靑春: 스무 살 전후의 젊은이
廳舍: 관청의 사옥
體格: 몸의 생김새; 몸의 외각 형상의 전체

한자	부수·획수	훈	음	필순
逮	辶 8	잡을	체	⺕ 隶 隶 逮
捕	扌 7	잡을	포	扌 扩 捅 捕
遞	辶 10	갈마들	체	厂 虒 虒 遞
減	氵 9	덜	감	氵 氵 沔 減
抄	扌 4	노략질할	초	扌 扌 抄 抄
掠	扌 8	노략질할	략	扌 扩 掠 掠
礎	石 13	주춧돌초초	석	石 磔 礎 礎
石	石 0	돌	석	一 ア 石 石
超	走 5	넘을	초	土 走 起 超
然	火 8	허락할	연	夕 然 然 然

사자성어 ▶ 目不忍見(목불인견) : 차마 눈뜨고 볼 수 없음

단어정리

逮捕: 죄를 범하였거나 그 혐의가 있는 사람을 잡음

遞減: 등수에 따라서 차례로 감함

抄掠: 폭력으로 빼앗음

礎石: 주춧돌

超然: 어떤 현실 속에서 벗어나와 그것에 대하여 아랑곳 없는 모양

한자	부수·획수	훈음	필순
促	人 7	절박할 촉	亻 伵 伬 促
急	心 5	급할 급	⺈ 刍 刍 急
燭	火 13	초 촉	火 炉 焬 燭
心	心 0	가운데 심	㇒ 心 心 心
觸	角 13	닿을 촉	角 觛 觸 觸
感	心 9	느낄 감	厂 后 咸 感
總	糸 11	합칠 총	糸 約 總 總
計	言 2	셀 계	亠 言 言 計
聰	耳 11	밝을 총	耳 耴 聰 聰
明	日 4	밝을 명	日 明 明 明

사자성어

▶ 苦肉之計(고육지계) : 적을 속이기 위해, 또는 어려운 사태를 벗어나기 위한 수단으로 제 몸을 괴롭혀 가면서까지 짜내는 계책.

단어정리

促急: 가깝게 박두하여 몹시 급함
燭心: 초의 심지
觸感: 닿아서 느낌
總計: 수량 전체를 한 데 모아서 셈함 또는 셈
聰明: 슬기롭고 도리에 밝

한자	부수·획수	훈음	필순
銃	金 6	총 **총**	釒 鈩 銃 銃
彈	弓 12	탄알 **탄**	弓 弜 彈 彈
最	曰 8	가장 **최**	冃 旦 最 最
善	口 9	착할 **선**	䒑 羊 善 善
催	人 11	일어날 **최**	亻 仙 催 催
眠	目 5	잘 **면**	目 眂 眠 眠
推	扌 8	밀 **추**	扌 扌 推 推
移	禾 6	옮길 **이**	禾 秒 移 移
秋	禾 4	가을 **추**	禾 秋 秋 秋
波	氵 5	물결 **파**	氵 汇 波 波

사자성어

▶ 刮目相對(괄목상대) : 눈을 비비고 다시 보며 상대를 대한다는 뜻으로, 다른 사람의 학식이나 업적이 크게 진보한 것을 말함.

단어정리

銃彈: 소총의 탄환
最善: 가장 좋음; 가장 착함
催眠: 잠이 오게 함; 인위적으로 유치한 일종의 수면 상태
推移: 일이나 형편이 차차 옮아가거나 변해 감
秋波: 가을철의 잔잔하고 아름다운 물결

한자	부수·획수	훈음	필순
追	辶 6	쫓을 추	𠂆 自 㠯 追
跡	足 6	뒤밟을 적	𧾷 跕 跡 跡
抽	扌 5	거둘 추	扌 扣 抇 抽
象	豕 5	본뜰 상	⺈ 象 象 象
醜	酉 10	추할 추	丙 酉 醜 醜
聞	耳 8	소문 문	尸 門 聞 聞
祝	示 5	빌 축	礻 祀 祝 祝
辭	辛 12	말씀 사	⺤ 𤔔 辭 辭
畜	田 5	기를 축	亠 玄 畜 畜
産	生 6	산물 산	亠 产 産 産

사자성어 ▶ 百家爭鳴 (백가쟁명) : ① 여러 사람이 서로 자기 의견을 주장하고 내세움. ② 많은 학자들의 활발한 논쟁.

단어정리

追跡: 뒤를 밟아 쫓음
抽象: 구체적인 사물이나 관념에서 일반적으로 공통된 석성을 추려내어 종합하는 일
醜聞: 추잡한 소문
祝辭: 축하하는 인사
畜産: 집에서 기르는 짐승

한자	부수·획수	훈음	필순
蓄	艹 10	쌓을 축	艹 芇 茎 蓄
財	貝 3	재물 재	目 貝 貝 財
逐	辶 7	쫓을 축	一 豸 豕 逐
鹿	鹿 0	사슴 록	广 庐 庐 鹿
充	儿 3	채울 충	亠 云 产 充
員	口 7	인원 원	口 目 員 員
忠	心 4	충성할 충	口 中 中 忠
臣	臣 0	신하 신	一 丁 五 臣
蟲	虫 12	벌레 충	口 虫 蛊 蟲
齒	齒 0	이 치	ㅏ 뽀 齒 齒

사자성어

▶ 九死一生(구사일생) : 여러 차례 죽을 고비에서 살아남.

단어정리

蓄財: 돈이나 재물을 모아 쌓음

逐鹿: 사냥꾼이 사슴을 쫓는 것에 비유하여 정치적 권력이나 지위를 얻기 위해 싸우는 것이나 선거에서의 경쟁 등을 이르는 말

充員: 부족한 인원을 채움

忠臣: 충성스러운 신하

蟲齒: 벌레 먹은 이

한자	부수/획수	훈음 / 필순						
取	又 6	취할 **취** 𠮩 耳 耵 取						
捨	扌 8	버릴 **사** 扌 扌 拎 捨						
吹	口 4	불 **취** 口 口 吹 吹						
奏	大 6	연주할 **주** 三 夫 夫 奏						
趣	走 8	뜻 **취** 土 走 趄 趣						
旨	日 2	뜻 **지** 一 士 产 志						
醉	酉 8	취할 **취** 𠮩 耳 耵 取						
客	宀 6	사람 **객** 宀 夕 安 客						
側	人 9	곁 **측** 亻 佀 俱 側						
近	辶 4	근친 **근** ㇀ 厂 斤 近						
사자성어	▶ 同床異夢(동상이몽) : 같은 침대에서 다른 꿈을 꾼다는 뜻으로 겉으로는 같이 행동하면서 속으로는 딴 생각을 함.							

단어정리

取捨: 취함과 버림
吹奏: 저, 피리 따위의 관악기를 입으로 불러 연주함
趣旨: 목적이 되는 속 뜻
醉客: 술에 취한 사람
側近: 가까이 곁에 있음

한자	부수·획수	훈음 / 필순
治	氵 5	병고칠 치 氵 氵 治 治
癒	疒 13	병나을 유 广 疒 瘉 癒
致	至 4	이를 치 一 至 致 致
富	宀 9	부자 부 ' 宀 富 富
恥	心 6	부끄럼 치 一 耳 耳 恥
辱	辰 3	욕 욕 厂 辰 辱 辱
置	罒 8	둘 치 罒 罒 置 置
重	里 2	중할 중 一 重 重 重
七	一 1	일곱 칠 一 七
旬	日 2	열흘 순 丿 勹 旬 旬

사자성어 ▶ 明若觀火(명약관화) : 불을 보는 것 같이 밝게 보인다는 뜻으로, 더 말할 나위 없이 명백함.

단어정리

治癒: 병을 고침
致富: 재물을 모아 부자가 됨
恥辱: 부끄럽고 욕됨; 불명예
置重: 어떤 일에 중점을 둠
七旬: 나이 70세. 일흔 살까지 산다는 것은 옛날에는 드문 일이라는 뜻

한자	부수·획수	훈음	필순
漆	氵 11	검은 칠	氵 汁 泆 漆
板	金 2	판목 판	木 朾 板 板
針	金 2	바늘 침	𠆢 金 金 針
線	糸 9	실 선	糸 約 綿 線
侵	人 7	침노할 침	亻 伊 侵 侵
略	田 6	다스릴 략	田 町 畋 略
寢	宀 11	잘 침	宀 宂 寢 寢
室	宀 6	집 실	宀 宀 宏 室
沈	氵 4	잠길 침	氵 沪 沈 沈
沒	氵 4	빠질 몰	氵 氵 沪 沒
사자성어	▶ 伯仲之間(백중지간) : 서로 우열을 가리기 어려울 정도로 비슷비슷한 사이.		

단어정리

漆板: 분필로 글씨를 쓰며 대체로 검은 칠을 바른 판
針線: 바늘과 실
侵略: 남의 나라를 침노하여 땅을 빼앗음
寢室: 사람이 자는 방; 침소
沈沒: 물에 빠져서 가라앉음

한자	부수 / 획수	뜻	음	필순
浸	辶 7	적실	침	氵 浔 浔 浸
透	辶 7	사무칠	투	禾 秀 秀 透
稱	禾 9	칭찬할	칭	禾 禾 稱 稱
頌	頁 4	기릴	송	八 公 頌 頌
快	忄 4	쾌할	쾌	忄 忄 忄 快
適	辶 11	맞을	적	产 商 滴 適
他	人 3	다를	타	亻 亻 仲 他
鄕	邑 10	고향	향	乡 乡 组 鄕
打	扌 2	칠	타	扌 扌 扌 打
擊	手 13	칠	격	車 軎 毄 擊

사자성어 ▶ 四通八達(사통팔달) : 이리저리 사방으로 통함.

단어정리

浸透: 액체가 속으로 젖어 듦; 어떤 현상이나 사상, 정책 따위가 속속들이 스며들거나 깊이 들어감
稱頌: 공덕을 칭찬하여 기림
快適: 심신에 맞아 기분이 썩 좋음
他鄕: 고향이 아닌 다른 곳
打擊: 때려 침; 갑자기 무슨 영향을 입어 기운이 꺾임

한자	부수·획수	훈	음	필순
墮	土 12	떨어질	타	阝 隋 陊 墮
落	艹 9	떨어질	락	艹 茫 莈 落
妥	女 4	편안할	타	一 爫 妥 妥
協	十 6	합할	협	丿 人 亼 合
托	扌 3	열	탁	扌 扌 扜 托
鉢	金 5	바리때	발	金 針 鉢 鉢
濁	氵 13	흐릴	탁	氵 氵罒 㴈 濁
酒	酉 3	술	주	氵 氵 洒 酒
濯	氵 14	씻을	탁	氵 氵羽 氵羽 濯
足	足 0	발	족	口 早 𧾷 足

사자성어 ▶ 心機一轉(심기일전) : 어떤 계기로 그 전까지의 생각을 뒤집듯이 바꿈.

단어정리

墮落: 잡되게 놀아 못된 구렁에 빠짐; 죄를 범하여 불신함 생활에 떨어짐
妥協: 두 편이 서로 좋도록 협의함
托鉢: 중이 수행하기 위하여 바라때를 들고 경문을 외면서 집집마다 돌아다니며 구걸하는 일
濁酒: 막걸리
濯足: 발을 씻음; 세속을 떠남; 세속을 초월함

한자	부수	획수	훈	음	필순
歎	欠	11	탄식할	탄	艹 茣 𦰩 歎
願	頁	10	원할	원	厂 原 願 願
炭	火	5	숯	탄	山 屵 岸 炭
火	火	0	불	화	丶 丷 少 火
誕	言	7	날	탄	言 訨 誔 誕
辰	辰	0	날	신	厂 𠩺 辰 辰
脫	月	7	벗을	탈	月 肸 脟 脫
皮	皮	0	껍질	피	⺁ 广 皮 皮
奪	大	11	빼앗을	탈	大 奞 奞 奪
取	又	6	취할	취	耳 耳 耴 取

사자성어 ▶ 外柔內剛(외유내강) : 겉으로 보기에는 부드러우나 속은 꿋꿋하고 강함.

단어정리

歎願: 사정을 자세히 이야기하고 도와주기를 몹시 바람
炭火: 숯불
誕辰: 생일; 탄생일
脫皮: 파충류나 곤충류 등이 자라남에 따라 낡은 껍질은 벗음
奪取: 빼앗아 가짐

한자	부수·획수	훈음	필순
探	扌 8	더듬을 탐	扌 扌罒 扌平 探
訪	言 4	찾을 방	言 訁亠 訪 訪
貪	貝 4	탐할 탐	亼 今 貪 貪
慾	心 11	탐낼 욕	谷 欲 欲 慾
湯	氵 9	탕약 탕	氵 氵日 氵昜 湯
藥	艹 15	약 약	艹 艹丝丝 藥 藥
太	大 1	처음 태	一 ナ 大 太
極	木 9	극 극	木 朽 極 極
泰	水 5	클 태	三 夫 泰 泰
山	山 0	메 산	丨 山 山 山

사자성어 ▶ 龍虎相搏(용호상박) : 용과 호랑이가 서로 싸움. 두 강자가 서로 싸움.

단어정리

探訪: 더듬어서 파고들어 깊이 연구함
貪慾: 사물을 지나치게 탐내는 욕심
湯藥: 달여서 먹는 약
太極: 천지가 아직 열리지 않고 혼돈한 상태로 있던 때
泰山: 높고 큰 산

한자	부수·획수	훈음	필순
怠	心 5	게으를 태	厶 台 台 怠
慢	忄 11	느릴 만	忄 忄冂 㥜 慢
土	土 0	땅 토	一 十 土
地	土 3	땅 지	十 土 圠 地
吐	口 3	드러낼 토	口 叿 叶 吐
露	雨 12	나타날 로	雨 雷 露 露
討	言 3	칠 토	言 訁 討 討
伐	人 4	칠 벌	亻 仁 代 伐
投	扌 4	던질 투	扌 扒 投 投
票	示 6	쪽지 표	一 覀 覀 票

사자성어 ▶ 雨後竹筍(우후죽순) : 비 온 뒤에 죽순이 나듯, 무슨 일이 한꺼번에 많이 일어남.

단어정리

怠慢: 게으르고 느림; 소홀히 함
土地: 땅; 지면
吐露: 마음에 있는 것을 다 드러내어 말함
討伐: 정벌함
投票: 선거 또는 채결 할 때에 각 사람의 뜻을 나타내기 위하여 표지에 이름, 부호 또는 의견을 기입하여 일정한 장소에 제출하는 일

한자	부수·획수	훈·음	필순
鬪	鬥 10	싸울 투	丨 鬥 鬦 鬪
志	心 3	뜻 지	一 士 志 志
特	牛 6	특히 특	丿 牛 牜 特
許	言 4	허락할 허	言 訁 訐 許
把	扌 9	움큼 파	扌 扌 扣 把
握	扌 9	쥘 악	扌 护 握 握
派	氵 6	가를 파	氵 汇 沠 派
遣	辶 10	보낼 견	中 旹 遣 遣
罷	罒 10	놓을 파	罒 罗 罷 罷
業	木 9	업 업	业 丵 業 業

사자성어 ▶ 類類相從(유유상종) : 같은 무리들끼리 서로 사귐.

단어정리

鬪志: 싸울 마음
特許: 특별히 허가함
把握: 움켜쥠; 움켜쥘 만한 크기
派遣: 사방으로 사람을 나누어 보냄; 사명을 띄워서 사람을 보냄
罷業: 하던 일을 중지함

한자	부수/획수	훈음 / 필순
版	片 4	판목 판 朩 朾 枥 板
本	木 1	책 본 一 十 木 本
販	貝 4	팔 판 貝 貯 販 販
賣	貝 8	팔 매 士 壵 賣 賣
敗	攴 7	패할 패 目 貝 敗 敗
北	匕 3	달아날 배 丨 丬 北 北
貝	貝 0	조개 패 冂 月 目 貝
類	頁 10	무리 류 米 类 類 類
便	人 7	편의 편 亻 仁 便 便
宜	宀 5	마땅할 의 宀 宜 宜 宜

사자성어 ▶ 一觸卽發(일촉즉발) : 막 일이 일어날 듯한 위험한 지경.

단어정리

版本: 판목에 새겨 인쇄한 책
販賣: 상품을 팖
敗北: 싸움에 져 달아남
貝類: 조개류
便宜: 형편이 좋음; 편리함

한자	부수/획수	뜻·음 / 필순
片	片 0	조각 편 / 丿 丿' 片 片
片	片 0	조각 편 / 丿 丿' 片 片
偏	人 9	치우칠 편 / 亻 仴 偏 偏
頗	頁 5	치우칠 파 / 广 皮 頗 頗
編	糸 9	엮을 편 / 糸 絅 緺 編
成	戈 3	이룰 성 / 一 厂 万 成
平	干 2	평평할 평 / 一 丆 亚 平
準	氵 10	준할 준 / 氵 淮 淮 準
評	言 5	품평 평 / 亠 言 訶 評
價	人 13	값 가 / 亻 仁 價 價

사자성어 ▶ 赤手空拳(적수공권) : 맨손과 맨주먹이라는 뜻으로 아무것도 가진 것이 없음을 말함.

단어정리

片片: 여러 조각이 된 모양
偏頗: 치우쳐 공평하지 못함
編成: 엮어 만듦; 모아서 조직
平準: 수준기를 써서 수평이 되게 하는 일
評價: 물건의 값을 평정함; 선악, 미추의 가치를 논정함

한자	부수·획수	훈음	필순
閉	門 3	닫을 폐	門 閉
塞	土 10	막을 색	宀 寒 塞
廢	广 12	못쓰게될 폐	广 廢
物	牛 4	만물 물	牛 物
弊	廾 12	폐 폐	敝 弊
端	立 9	바를 단	立 端
肺	月 18	허파 폐	月 肺
臟	月 18	오장 장	月 臟
抱	扌 5	안을 포	扌 抱
擁	扌 13	안을 옹	扌 擁

사자성어 ▶ 前途洋洋(전도양양) : 앞길이 크게 열리어 장래가 매우 밝음.

단어정리

閉塞: 막힘; 막음
廢物: 못 쓰게 된 물건
弊端: 좋지 못하고 해로운 일
肺臟: 폐; 허파
抱擁: 품안에 껴안음

한자	부수·획수	훈음	필순
包	勹 3	쌀 포	丿 勹 匂 包
圍	囗 9	에워쌀 위	丨 冂 圍 圍
飽	食 5	배부를 포	𠆢 飠 飽 飽
食	食 0	먹을 식	人 今 食 食
暴	日 11	사나울 포	日 昱 異 暴
惡	心 8	나쁠 악	一 亞 亞 惡
爆	火 15	터질 폭	火 炉 焊 爆
發	癶 7	일어날 발	癶 癹 發 發
表	衤 3	나타날 표	二 丰 表 表
現	王 7	나타날 현	王 珥 現 現

사자성어 ▶ 轉禍爲福(전화위복) : 화가 도리어 복이 됨.

단어정리

包圍: 도망가지 못하도록 둘러쌈
飽食: 배부르게 먹음
暴惡: 사납고 악함
爆發: 화력으로 인하여 갑자기 터짐
表現: 보임; 들어서 나타냄

한자	부수/획수	뜻·음	필순
標	木 11	표 표	十 圭 耒 表
準	氵 10	법도 준	氵 氵 淮 準
漂	氵 11	떠다닐 표	氵 洒 漂 漂
流	氵 6	흐를 류	氵 汁 汴 流
品	口 6	물건 품	丨 口 吕 品
種	禾 9	종류 종	禾 秆 種 種
豊	豆 6	넉넉할 풍	曲 曲 豊 豊
富	宀 9	넉넉할 부	宀 宀 宫 富
風	風 0	경치 풍	丿 几 凬 風
光	儿 4	경치 광	丨 ⺌ 业 光

사자성어 ▶ 切齒腐心(절치부심) : 몹시 분하여 이를 갈면서 속을 썩임.

단어정리

標準: 규범이 되는 준칙; 일반적인 것
漂流: 물에 떠서 흘러감; 일정한 거처 없이 떠돌아다님
品種: 물품의 종류
豊富: 넉넉하고 많음
風光: 경치; 풍경

한자	부수/획	훈	음	필순
彼	彳 5	저	피	彳 彳广 彷 彼
此	止 2	이	차	卜 止 止匕 此
疲	疒 5	고달플	피	疒 疒 疒 疲
勞	力 10	피로	로	火 炏 𤇾 勞
被	衤 5	당할	피	衤 衤广 衤皮 被
殺	殳 7	죽일	살	㐅 杀 杀几 殺
避	辶 13	피할	피	𡰪 辟 辟 避
暑	日 9	더위	서	日 旦 昮 暑
匹	匚 2	필	필	一 𠂆 兀 匹
敵	攴 11	적	적	啇 商 啇 敵

사자성어

▶ 鳥足之血(조족지혈) : 새 발의 피라는 뜻으로 ① 극히 적은 분량을 말함 ② 아주 적어서 비교가 안됨 ③ 물건이 아주 작은 것을 가리키는 말.

단어정리

彼此: 저것과 이것
疲勞: 지쳐서 몸이 나른함
被殺: 살해를 당함
避暑: 있는 곳을 옮기어 더위를 피함
匹敵: 힘이 비슷비슷한 적수

한자	부수/획수	훈음	필순
必	心 1	반드시 **필**	丶 丿 必 必
須	頁 3	필요할 **수**	彡 须 須 須
畢	田 6	마칠 **필**	田 甲 畢 畢
業	木 9	업 **업**	丷 业 丵 業
下	一 2	아래 **하**	一 丅 下
賜	貝 8	사여 **사**	目 貝 賜 賜
何	人 5	어찌 **하**	亻 仁 佢 何
必	心 1	반드시 **필**	丶 丿 必 必
夏	夊 7	여름 **하**	一 百 夏 夏
至	至 0	이를 **지**	一 至 至 至

사자성어

▶ 主客顚倒(주객전도) : 주인은 손님처럼 손님은 주인처럼 행동(行動)을 바꾸어 한다는 것으로 입장이 뒤바뀐 것.

단어정리

必須: 꼭 필요함
畢業: 업을 마침
下賜: 임금이나 썩 높은 사람이 아랫사람에게 물건을 줌
何必: 어찌 반드시
夏至: 24절기의 하나, 양력으로 6월22일 또는 23일에 해당하며 일 년 중 낮이 가장 길고 밤이 가장 짧음

한자	부수·획수	훈·음	필순
賀	貝 5	하례할 하	力 加 賀 賀
客	宀 6	손 객	宀 夕 客 客
荷	艹 7	짐 하	艹 荷 荷 荷
物	牛 4	만물 물	牜 牜 物 物
鶴	鳥 10	두루미 학	隺 鶴 鶴 鶴
望	月 7	바라볼 망	亡 望 望 望
寒	宀 9	찰 한	宀 寒 寒 寒
冷	冫 5	찰 랭	冫 冷 冷 冷
恨	忄 6	한할 한	忄 恨 恨 恨
歎	欠 11	한숨쉴 탄	艹 歎 歎 歎

사자성어 ▶ 滄海一粟(창해일속) : 넓은 바다에 좁쌀 한 알. 비교할 수 없을 만큼 극히 적은 것.

단어정리

賀客: 축하하러 온 손님
荷物: 짐
鶴望: 학처럼 목을 길게 빼고 발돋움하여 봄
寒冷: 추움; 참
恨歎: 원통하거나 또는 뉘우치어 탄식함

한자	부수·획수	훈음	필순
漢	氵 11	한민족 한	氵 汁 洪 漢
字	子 3	글자 자	丶 宀 字 字
閑	門 4	한가할 한	門 門 閈 閑
散	攴 8	한산할 산	艹 昔 散 散
限	阝 6	한정 한	了 阝 阴 限
度	广 6	도 도	广 庐 庻 度
韓	韋 8	나라이름 한	吉 卓 韋 韓
國	囗 8	나라 국	冂 囗 國 國
旱	日 3	가물 한	日 旦 旱 旱
害	宀 7	해칠 해	宀 宀 宝 害

사자성어

▶ 天方地軸(천방지축) : ① 너무 바빠서 두서를 잡지 못하고 허둥대는 모습 ② 어리석은 사람이 갈피를 잡지 못하고 덤벙거림.

단어정리

漢字: 중국의 글자
閑散: 조용하고 한가함
限度: 한정함
韓國: 대한민국의 약칭
旱害: 가물의 피해

한자	부수·획수	훈음	필순
割	刀 10	갈 **할**	宀 宔 害 割
腹	月 9	배 **복**	月 肞 脜 腹
含	口 4	머금을 **함**	人 亼 今 含
淚	氵 8	눈물 **루**	氵 泞 沪 淚
咸	口 6	다 **함**	厂 后 咸 咸
告	口 4	고할 **고**	丿 ⺧ 生 告
陷	阝 8	빠질 **함**	了 阝 阾 陷
入	入 0	들 **입**	丿 入
恒	忄 6	항상 **항**	忄 忙 恒 恒
心	心 0	마음 **심**	丶 心 心 心

사자성어 ▶ 千載一遇(천재일우) : 천 년에 한 번 만난다는 뜻으로, 좀처럼 얻기 어려운 좋은 기회를 이르는 말.

단어정리

割腹: 배를 가름

含淚: 눈물을 머금음

咸告: 빠지 않고 모두 고함

陷入: 빠져 들어감

恒心: 일정불변한 마음

한자	부수·획수	뜻	음	필순
巷	己 6	거리	항	一 艹 共 巷
陌	阝 6	길	맥	了 阝 阝" 陌
港	氵 9	항구	항	氵 汫 洪 港
口	口 0	입	구	丨 冂 口 口
航	舟 4	배	항	丿 舟 舟' 航
海	氵 7	바다	해	氵 汇 海 海
項	頁 3	항	항	工 工' 項 項
目	目 0	세목	목	丨 冃 目
亥	亠 4	열두째지지	해	亠 亠 亥 亥
月	月 0	달	월	丿 刀 月 月

사자성어 ▶ 天眞爛漫(천진난만) : 꾸밈이나 거짓 없이 하늘에서 타고난 순진한 성질 그대로가 말이나 행동에 나타남.

단어정리

巷陌: 거리

港口: 배가 정박하는 곳의 출입구

航海: 배를 타고 바다를 건넘

項目: 조목

亥月: 음력 시월의 별칭

한자	부수·획수	훈·음	필순
該	言 6	갖출 해	言 訁 該 該
博	十 10	넓을 박	十 恒 博 博
核	木 6	핵심 핵	木 杧 核 核
心	心 0	가운데 심	丿 心 心 心
幸	干 5	행복 행	土 圭 幸 幸
福	示 9	복 복	礻 祀 福 福
香	香 0	향기 향	一 千 禾 香
氣	气 6	기운 기	气 气 氧 氣
享	亠 6	누릴 향	亠 亨 享 享
樂	木 11	즐길 락	幺 䜌 樂 樂

사자성어

▶ 千篇一律(천편일률) : 여러 시문의 격조가 변화 없이 비슷비슷하다는 뜻으로, 여러 사물이 거의 비슷비슷하여 특색이 없음을 비유하여 이르는 말.

단어정리

該博: 모든 사물을 널리 앎
核心: 사물의 중심이 되는 가장 요긴한 부분
幸福: 좋은 운수
香氣: 꽃이나 향 같은데서 나는 좋은 냄새
享樂: 즐거움을 누림

한자	부수·획수	훈	음	필순
響	音 13	울릴	향	乡 鄉 響 響
應	心 13	응할	응	广 广 應 應
虛	虍 6	헛될	허	广 卢 虍 虛
送	辶 6	보낼	송	八 关 送 送
憲	心 12	법	헌	宀 害 憲 憲
法	氵 5	법	법	氵 汁 注 法
獻	犬 16	드릴	헌	广 虍 獻 獻
金	金 0	금	금	人 仝 命 金
軒	車 3	처마	헌	亘 車 軒 軒
燈	火 12	등불	등	火 炏 熔 燈

사자성어

▶ 靑出於藍(청출어람) : 쪽 풀에서 뽑아낸 푸른 물감이 쪽빛보다 더 푸르다는 뜻으로 스승보다 제자가 더 뛰어나거나 훌륭함을 이르는 말.

단어정리

響應: 소리에 따라 마주쳐 그 소리와 같이 울리는 것
虛送: 헛되게 보냄
憲法: 국법; 근본이 되는 법규
獻金: 돈을 바침
軒燈: 처마에 다는 등

한자	부수/획수	훈	음	필순
險	阝 13	험할	험	阝 阝 阾 險
惡	心 8	나쁠	악	一 亞 亞 惡
懸	心 16	현격할	현	県 縣 縣 懸
案	木 6	초안	안	宀 安 案 案
玄	玄 0	깊을	현	丶 亠 玄 玄
理	王 7	이치	리	王 玾 理 理
絃	糸 5	현악기	현	糸 紘 絃 絃
索	糸 4	꼴	삭	十 声 索 索
縣	糸 10	고을	현	目 県 縣 縣
令	人 3	경칭	령	丿 亼 今 令

사자성어 ▶ 破竹之勢(파죽지세) : 대나무를 쪼개는 기세라는 뜻으로, 세력이 강하여 거침없이 나아가는 기세.

단어정리

險惡: 험하고 나쁨
懸案: 아직 해결 짓지 못한 안건
玄理: 현묘한 이치
絃索: 현악기의 줄
縣令: 현의 장관

한자	부수 / 획수	훈음	필순
顯	頁 14	나타날 **현**	𤣩 珇 玥 現
著	艹 9	나타낼 **저**	艹 芓 芓 著
嫌	女 10	싫어할 **혐**	女 妒 婷 嫌
惡	心 8	미워할 **오**	一 丆 亞 惡
脅	月 6	으를 **협**	力 劦 脅 脅
迫	辶 5	가까이할 **박**	′ 白 ′白 迫
刑	刀 4	형벌 **형**	一 二 开 刑
罰	罒 9	벌 **벌**	罒 詈 罰 罰
亨	亠 5	형통할 **형**	亠 亩 亨 亨
通	辶 7	통할 **통**	乛 甬 ′甬 通

사자성어

▶ 抱腹絶倒(포복절도) : 배를 안고 넘어진다는 뜻으로 너무 우스워서 배를 안고 몸을 가누지 못할 정도로 웃음.

단어정리

顯著: 환히 나타남

嫌惡: 싫어하고 미워함

脅迫: 으르고 대듦

刑罰: 죄를 저지른 사람에게 주는 제재

亨通: 모든 일이 뜻과 같이 잘 됨

한자	부수/획수	훈음	필순
衡	行 10	저울대 형	彳 伨 徻 衡
度	广 6	법도 도	广 庐 度 度
惠	心 8	은혜 혜	一 亩 亩 惠
澤	氵 13	윤 택	氵 氵罒 澤 澤
好	女 3	좋을 호	㇛ 女 好 好
機	木 12	틀 기	木 桦 機 機
戶	戶 0	집 호	一 ⺕ 戶
籍	竹 14	문서 적	竹 箕 籍 籍
湖	氵 9	호수 호	氵 沽 湖 湖
水	水 0	물 수	亅 才 水 水
사자성어	▶ 表裏不同(표리부동) : 겉과 속이 다름.		

단어정리

衡度: 저울과 자
惠澤: 은혜와 덕택
好機: 좋은 기회
戶籍: 호수나 식구를 기록한 장부
湖水: 육지가 우묵하게 패어 물이 괸 곳

한자	부수/획수	훈음 / 필순
虎	虍 2	범 호 / ⺊ 广 虍 虎
骨	骨 0	뼈 골 / 冂 冎 冎 骨
互	二 2	서로 호 / 一 T 万 互
相	目 4	서로 상 / 十 木 相 相
毫	毛 7	잔털 호 / 亠 亩 高 毫
末	木 1	끝 말 / 一 二 丰 末
浩	氵 7	넓을 호 / 氵 汁 浩 浩
博	十 10	넓을 박 / 十 博 博 博
胡	月 5	오랑캐 호 / 十 古 胡 胡
人	人 0	사람 인 / 丿 人
사자성어		▶ 鶴首苦待(학수고대) : 학처럼 목을 길게 빼고 기다린다는 뜻으로 몹시 기다림을 말함.

단어정리

虎骨: 범의 뼈

互相: 상호

毫末: 터럭 끝; 아주 작거나 적은 것

浩博: 넓음

胡人: 중국 북방의 오랑캐

한자	부수/획수	훈음	필순
豪	豕 7	호화스러울 **호**	亠 亩 亭 豪
華	艹 8	번성하 **화**	艹 芏 華 華
婚	女 8	혼인할 **혼**	女 妒 婚 婚
姻	女 6	시집갈 **인**	女 如 姻 姻
混	氵 8	섞일 **혼**	氵 沪 混 混
雜	隹 10	섞일 **잡**	亠 杂 新 雜
魂	鬼 4	넋 **혼**	云 䰟 魂 魂
魄	鬼 5	넋 **백**	白 䰟 魄 魄
忽	心 4	홀연 **홀**	ノ 勹 勿 忽
然	火 8	그러나 **연**	夕 狀 狀 然

사자성어 ▶ 孑孑單身(혈혈단신) : 의지할 곳 없는 외로운 홀몸.

단어정리

豪華: 사치스럽고 번화함

婚姻: 결혼

混雜: 한데 뒤섞여 분잡함

魂魄: 넋

忽然: 느닷없이; 갑자기

한자	부수/획수	훈음 / 필순
紅	糸 3	붉을 **홍** 糸 糽 紅 紅
桃	木 6	복숭아 **도** 木 杉 机 桃
弘	弓 2	넓을 **홍** ㄱ 弓 弘 弘
大	大 0	클 **대** 一 ナ 大
洪	氵 6	큰물 **홍** 氵 泄 泄 洪
水	水 0	물 **수** 亅 才 水 水
鴻	鳥 6	큰기러기 **홍** 氵 江 江 鴻
毛	毛 0	털 **모** 一 二 三 毛
化	匕 2	될 **화** 丿 亻 亻 化
粧	米 6	단장 **장** 米 粧 粧 粧

사자성어 ▶ 好事多魔(호사다마) : 좋은 일에는 방해가 되는 일이 많음.

단어정리

紅桃: 붉은 복숭아꽃

弘大: 넓고 큼

洪水: 큰 물

鴻毛: 기러기의 털; 아주 가벼운 것

化粧: 화장품을 얼굴 따위에 바르고 매만져 곱게 꾸밈

한자	부수·획수	훈음 / 필순
和	口 5	화목할 **화** 千 禾 和 和
睦	目 8	화목할 **목** 目 盽 眭 睦
禾	禾 0	벼 **화** 一 二 千 禾
穀	木 10	용나무 **용** 士 壳 穀 穀
擴	扌 15	넓힐 **확** 扌 扩 擴 擴
張	弓 8	펼 **장** 弓 弡 張 張
確	石 10	단단할 **확** 石 矿 矿 確
立	立 0	설 **립** 亠 亠 立 立
歡	欠 18	기뻐할 **환** 艹 雚 歡 歡
樂	木 11	즐거울 **락** 幺 㡭 樂 樂

사자성어

▶ 畵龍點睛(화룡점정) : 장승요가 벽에 그린 용에 눈동자를 그려 넣은 즉시 용이 하늘로 올라갔다라는 뜻으로, 무슨 일을 하는데 가장 중요한 부분을 완성시킴.

단어정리

和睦: 서로 뜻이 맞고 정다움
禾穀: 벼; 곡류
擴張: 늘이어서 넓게 함
確立: 굳게 섬; 꽉 정해져 있는 움직이지 아니함
歡樂: 즐거워함; 즐거움

한자	부수·획수	훈음 / 필순
換	扌 9	바꿀 **환** 扌 扩 拚 換
錢	金 8	돈 **전** 𠆢 金 銭 錢
環	王 13	고리 **환** 王 珊 珊 環
佩	人 6	노리개 **패** 亻 仉 佩 佩
活	水 6	살 **활** 氵 汇 汗 活
動	力 9	움직일 **동** 一 重 動 動
皇	白 4	임금 **황** ′ 白 皁 皇
帝	巾 6	임금 **제** 亠 立 产 帝
黃	黃 0	누른빛 **황** 卄 苗 黃 黃
昏	日 4	날저물 **혼** 𠂆 𠂢 氏 昏

사자성어 ▶ 畵蛇添足(화사첨족) : 뱀을 그리고 발을 더한다는 뜻으로, 쓸데없는 일을 하다가 도리어 일을 그르침.

단어정리

換錢: 서로 종류가 다른 화폐와 화폐를 교환하는 일
環佩: 고리 모양의 패옥
活動: 기운차게 움직임
皇帝: 천자; 제국의 군주
黃昏: 해가 지고 어둑어둑할 때; 한창인 고비를 지나 쇠퇴하고 종말에 이름

한자	부수	획수	뜻	음	필순
況	氵	5	하물며	황	氵 沪 沪 況
且	一	4	또	차	丨 冂 月 且
荒	艹	6	거칠	황	艹 芏 芒 荒
廢	广	12	못쓰게될	폐	广 庅 㾑 廢
懷	忄	16	품을	회	忄 忙 㦤 懷
疑	疋	9	의심할	의	𠤕 㠯 㠭 疑
劃	刀	12	쪼갤	획	聿 畫 劃 劃
然	火	8	그럴	연	夕 肰 肰 然
獲	犭	14	얻을	획	犭 犭 獾 獲
得	彳	8	얻을	득	彳 彳 𢔶 得

사자성어

▶ 膾炙人口(회자인구) : 회(膾)는 날고기, 자(炙)는 구운 고기의 뜻. 맛있는 음식처럼 시문(詩文) 등이 사람들의 입에 많이 오르내리고 칭찬받는 것을 말함.

단어정리

況且: 하물며
荒廢: 거칠게 버려 두어 못 쓰게 됨
懷疑: 의심을 품음
劃然: 물건을 쪼개는 소리의 형용
獲得: 손에 넣음; 얻어서 가짐

한자	부수	획수	뜻	음	필순
橫	木	12	방자할	횡	朩 栍 横 橫
暴	日	11	사나울	포	冃 旱 異 暴
孝	子	4	효도	효	一 土 耂 孝
道	辶	9	도	도	广 庐 度 度
效	攴	6	보람	효	亠 交 効 效
果	木	4	해낼	과	田 旦 甲 果
曉	日	12	새벽	효	日 旰 晆 曉
旦	日	1	아침	단	丨 冂 日 旦
厚	厂	7	두터울	후	厂 戸 厚 厚
顔	頁	9	얼굴	안	产 彦 彦 顔

사자성어 ▶ 女必從夫(여필종부) : 아내는 반드시 남편(男便)의 뜻을 좇아야 한다는 말.

단어정리

橫暴: 제멋대로 굴며 몹시 난폭함
孝道: 부모를 잘 섬기는 도리
效果: 보람; 좋은 결과
曉旦: 새벽
厚顔: 두꺼운 낯가죽; 염치없음

한자	부수	획수	훈	음	필순
侯	人	7	후작	후	亻 伫 侯 侯
爵	爪	14	잔	작	爫 𦥑 爵 爵
訓	言	3	가르칠	훈	言 訁 訓 訓
育	月	4	기를	육	亠 云 育 育
毁	殳	9	헐	훼	臼 毁 毁 毁
損	扌	10	잃을	손	扌 扣 損 損
輝	車	8	빛날	휘	光 炉 煇 輝
煌	火	9	빛날	황	火 炉 煌 煌
携	扌	10	들	휴	扌 扌 携 携
帶	巾	8	데릴	대	一 卅 帶 帶

사자성어 ▶ 一字無識(일자무식) : 한 글자도 알지 못함.

단어정리

侯爵: 오등작의 둘째
訓育: 가르쳐 길러냄
毁損: 체면, 명예를 손상함
輝煌: 광채가 눈부시게 빛남
携帶: 몸에 가짐; 몸에 지니고 다님

한자	부수	획수	훈	음	필순
凶	凵	2	흉할	흉	乂 乂 区 凶
兆	儿	4	조짐	조	丬 兆 兆 兆
胸	月	6	가슴	흉	月 肑 肑 胸
襟	衤	13	가슴	금	衤 袾 襟 襟
吸	口	4	마실	흡	口 叻 吸 吸
煙	火	9	담배	연	火 烟 煙 煙
喜	口	9	기뻐할	희	吉 吉 壴 喜
捨	扌	8	베풀	사	扌 扌 拾 捨
希	巾	4	바랄	희	乂 爻 爻 希
求	水	2	구할	구	一 寸 求 求

사자성어 ▶ 簞食瓢飮(단사표음) : 대그릇의 밥과 표주박의 물이라는 뜻으로 형편없는 음식을 일컬음.

단어정리

凶兆: 불길한 조짐
胸襟: 가슴속; 심중
吸煙: 담배를 피우는 것
喜捨: 남을 위해 재물을 기꺼이 내어 놓음
希求: 바라고 구함

한자	부수·획수	훈음	필순
戲	戈 11	희롱할 희	广 虍 虛 戲
弄	廾 4	놀 롱	王 王 弄 弄
稀	禾 7	묽을 희	禾 秅 稀 稀
薄	艹 13	싱거울 박	艹 艹 蒲 薄

사자성어 ▶ 見物生心(견물생심) : 물건을 보면 욕심이 생긴다는 뜻.

단어정리

저자 약력

◎ 김 대 환

▶ 중국 복단대학교 고대한어 전공 문학박사

▶ (현)극동대학교 중국어학과 교수

도서출판 그린

교육한자교본

초판 1쇄 ▶	2008년 2월 28일
초판 2쇄 ▶	2015년 8월 20일
저　　자 ▶	김 대 환
발 행 인 ▶	윤 덕 우
발 행 처 ▶	도서출판 **그린**
출판등록 ▶	제8-161호(1995. 5. 3.)
주　　소 ▶	서울특별시 서대문구 연희로5길 50(연희동) (우) 03716
전　　화 ▶	02)333-2574, 2575
Fax ▶	02)333-2561
E-mail ▶	greenpress@greenpress.co.kr
Homepage ▶	http://www.greenpress.co.kr

인 지

정가 : 12,000원

ISBN : 978-89-5727-106-3